──────────────── 님의 소중한 미래를 위해
이 책을 드립니다.

10대가 가장 알고 싶은
기후변화 최다질문
TOP 50

10대가 꼭 알아야 할 기후변화 이야기

10대가 가장 알고 싶은 기후변화 최다질문 TOP 50

반기성 지음

메이트북스

메이트북스 우리는 책이 독자를 위한 것임을 잊지 않는다.
우리는 독자의 꿈을 사랑하고,
그 꿈이 실현될 수 있는 도구를 세상에 내놓는다.

10대가 가장 알고 싶은 기후변화 최다질문 TOP 50

초판 1쇄 발행 2024년 6월 10일 | **지은이** 반기성
펴낸곳 (주)원앤원콘텐츠그룹 | **펴낸이** 강현규·정영훈
편집 안정연·신주식·이지은 | **디자인** 최선희
마케팅 김형진·이선미·정채훈 | **경영지원** 최향숙
등록번호 제301-2006-001호 | **등록일자** 2013년 5월 24일
주소 04607 서울시 중구 다산로 139 랜더스빌딩 5층 | **전화** (02)2234-7117
팩스 (02)2234-1086 | **홈페이지** matebooks.co.kr | **이메일** khg0109@hanmail.net
값 16,000원 | **ISBN** 979-11-6002-433-3 43450

현재 기후변화는 두려운 상황이지만
시작에 불과하다.
이젠 끔찍한 기후변화가 시작되었다.

• 안토니우 구테흐스(유엔 사무총장, 2023년) •

10대가 꼭 알아야 할 기후변화 지식을 알차게 담았습니다!

"80억 번째 태어난 아이, '극한지구'에서 어떻게 버텨낼까?" 2023년 1월, 「한겨레」 신문 기사 제목입니다. 유엔은 2022년 11월 15일에 세계 인구가 80억 명을 넘어섰다고 발표했지요. '70억 지구'에서 '80억 지구'가 되는 데 걸린 시간은 불과 11년. 10억 명 단위로 따져봤을 때 인류는 역대 가장 빠른 속도로 불어났지요.

그럼 80억 번째 태어난 아이의 삶은 어떨까요? 바네사 페레스 시세라(Vanessa Pérez Cirera) 세계자원연구소 글로벌경제센터장은 "80억 번째로 태어난 아이는 지금 우리가 가지고 있는 것들을 가질 수 없을 것이다. 충분한 자원이 없기 때문이다"라고 말합니다. 이런 비관적인 예상의 근거는 무엇일까요?

첫째는 식량 부족 때문입니다. 기후변화로 인한 재난에 가장 취약한 것이 '농업'으로 밝혀졌는데, 식량 생산은 계속 줄어들 것이기 때문이지요. 여기에 더해 과도한 농업과 축산업 등은 온실가스를 쏟아내고 토지를 황폐하게 만들어 기후위기를 부채질합니다. 결국 가난한 나라 사람들은 기본적인 식량조차 얻지 못하게 될 겁니다.

둘째는 팬데믹입니다. 2019년에 시작되어 690만 명의 사망자를 초래한 코로나 19는 기후변화가 원인이었다는 연구결과가 있고, 인류 역사상 팬데믹이라 할 수 있는 흑사병, 독감, 콜레라, 발진티푸스 등이 모두 기후변화로 인해 발생한 강력한 전염병이었습니다. 의학 전문가들은 기후변화로 인해 우리가 알지 못했던 새로운 바이러스가 나타나면서 새로운 팬데믹이 지구를 강타할 것으로 전망하고 있지요.

자, 그럼 기후변화는 식량 부족과 팬데믹만 가져올까요? 당연히 아니지요. 인류에 엄청난 재난으로 다가오는 폭염이나 가뭄, 대홍수와 슈퍼태풍, 빙하가 녹으면서 해수면이 상승하고 해수 온도가 오르면서 바다는 죽어가고, 쉴 새 없이 대형산불이 생태계를 파괴할 겁니다. 즉 미래의 우리 삶에 파괴적인 영향을 주는 것이 기후변화라는 것입니다. 그래서 기후전문가들은 계속해서 "정말 위험합니다. 얼마 남지 않았습니다"라고 이야기하는 겁니다.

2024년 세계경제포럼은 전 세계 오피니언 리더 1,490명에게 장차 10년 이내에 세계경제에 가장 큰 위험이 무엇인가를 설문조사했습니다. 그랬더니 가장 많은 표를 얻은 1~4위가 모두 기후환경 문제였습니다. 구체적으로는 1위가 '극한기상', 2위가 '지구 체계의 치명적변화', 3위가 '생물 다양성 감소와 생태계 붕괴', 4위가 '천연자원 부족'이었습니다. 전 세계를 이끌어 가는 오피니언 리더들은 지구경제의 가장 큰 위험이 기후환경 문제라고 본 것이지요. 그만큼 현재 기후위기 수준은 심각합니다.

『총, 균, 쇠』의 저자인 재러드 다이아몬드(Jared Mason Diamond)는 말합니다. "30년입니다. 예상보다 빠르게 진행되고 있어요. 상황이 나빠지는 속도, 세계 인구가 증가하는 속도, 숲이 잘려나가는 속도, 그리고 기후변화 진행 단계까지…. 약 30년 후에는 모든 것이 되돌릴 수 없는 지경이 됩니다. 제가 코로나 19보다 더 크게 우리를 엄습하는 지구적 위기 해결을 촉구하는 이유입니다. 만약 2050년까지 이 문제들을 풀지 못한다면, 죄송합니다만, 우리는 너무 늦을 겁니다." 재러드 다이아몬드는 26년 후에는 지구 붕괴의 시간이 올 것이라고 말하는 것이지요.

특히 앞으로 많은 날을 살아갈 10대인 여러분들은 기후변화와 환경파괴가 얼마나 심각한 상황인지를 알아야 합니다. 그리고 기후변화와 환경파괴를 막기 위해 10대들이 어떻게 할 것인지를 생각하고, 행동해야 합니다.

반기성

차례

지은이의 말 10대가 꼭 알아야 할 기후변화 지식을 알차게 담았습니다!   6

기후위기의 개념과 원인은
바로 이것입니다

질문 TOP 01   지구의 기후는 그동안 어떻게 변해왔나요?   19

질문 TOP 02   사람들에 의한 기후변화란 무엇을 말하나요?   24

질문 TOP 03   지구온난화란 무엇을 말하나요?   30

질문 TOP 04   온실가스 농도가 매년 최고를 기록한다고요?   35

질문 TOP 05   우리는 온실가스를 얼마나 많이 줄여야 하나요?   41

질문 TOP 06   기후변화의 원인은 자연인가요, 인간인가요?   46

질문 TOP 07   트럼프 같은 사람들은 왜 기후변화를 믿지 않나요?   51

2 기후변화가 폭염, 대홍수, 슈퍼태풍을 만듭니다

질문 TOP 08	50℃가 넘는 엄청난 폭염은 왜 발생하나요?	59
질문 TOP 09	폭염은 왜 이렇게 자주, 그리고 강하게 발생하나요?	64
질문 TOP 10	폭염은 우리가 생활하는 데 어떤 영향을 주나요?	69
질문 TOP 11	홍수가 더 강력해지는 것도 기후변화 때문인가요?	74
질문 TOP 12	'하늘 위의 강'이라는 건 어떤 기후변화인가요?	79
질문 TOP 13	태풍은 어떤 피해를 얼마만큼 가져오나요?	84
질문 TOP 14	태풍을 괴물로 만드는 주범이 기후변화인가요?	89

3 기후변화로 식량과 물의 부족이 심각합니다

질문 TOP 15	가장 심각한 기후재난으로 왜 가뭄이 꼽히나요?	97
질문 TOP 16	전 세계적으로 가뭄이 얼마나 심한 건가요?	102
질문 TOP 17	우리는 사막화로 인해 어떤 고통을 겪게 되나요?	107
질문 TOP 18	사막화에 대응하지 못하면 경제적 손실이 큰가요?	112
질문 TOP 19	미래에는 물을 차지하기 위해 전쟁까지 할까요?	117
질문 TOP 20	세계의 절반이 굶주린다는 게 정말 사실인가요?	122
질문 TOP 21	식량이 부족한 원인에는 어떤 것들이 있나요?	128

4 기후변화로 빙하가 녹고
바다가 죽어갑니다

질문 TOP 22 북극권 빙하가 계속 녹으면 무슨 일이 생기나요? 137

질문 TOP 23 지구의 에어컨인 남극 빙하는 왜 사라지고 있나요? 143

질문 TOP 24 산악 빙하의 역할은 무엇이고, 상황이 어떤가요? 148

질문 TOP 25 바닷물이 욕조 온도만큼 뜨거워진 원인은 무엇인가요? 152

질문 TOP 26 해수 온도가 계속 높아지면 어떤 일들이 생기나요? 157

질문 TOP 27 해수면이 계속 상승하면 어떤 일들이 생기나요? 162

질문 TOP 28 인류는 해수면 상승에 어떻게 대처해야 하나요? 167

5 기후변화는 지구 생태계의
멸종을 부릅니다

질문 TOP 29 여섯 번째의 대멸종이 정말로 다가오고 있나요? 175

질문 TOP 30 전 세계의 동식물이 얼마나 사라지고 있나요? 180

질문 TOP 31 새들이 급속히 사라진다는데 그 이유가 뭔가요? 185

질문 TOP 32 바다 생물의 멸종 위험이 정말 현실화될까요? 190

질문 TOP 33 산호가 죽으면 해양 생태계도 무너지나요? 195

질문 TOP 34 꿀벌 마야의 친구들도 보기 힘들어지나요? 200

질문 TOP 35 환경오염은 동식물을 어떻게 위협하고 있나요? 205

기후변화는 각종 감염병을
더욱 확산시킵니다

질문 TOP 36   페스트의 원인이 정말 기후변화 때문인가요?   213

질문 TOP 37   콜레라도 기후변화와 관련이 있는 건가요?   219

질문 TOP 38   독감의 원인도 정말 기후변화 때문인가요?   224

질문 TOP 39   발진티푸스도 기후변화와 관계가 있나요?   229

질문 TOP 40   기후변화가 뎅기열 확산에 영향을 주나요?   234

질문 TOP 41   영구동토층이 녹으면 바이러스가 부활하나요?   240

질문 TOP 42   다음 팬데믹은 코로나 19보다 더 위험할까요?   245

환경오염은 기후변화를
더욱 가속화합니다

질문 TOP 43   전자 폐기물의 독성물질이 우리를 죽인다고요?   253

질문 TOP 44   플라스틱 오염이 생태계를 병들게 한다고요?   258

질문 TOP 45   미세플라스틱이 우리를 위험에 빠트린다고요?   264

질문 TOP 46   하늘의 미세먼지가 끔찍한 독성물질이라고요?   269

질문 TOP 47   매년 320만 명이 실내 공기오염으로 숨진다고요?   274

질문 TOP 48   기후변화로 인해 자외선의 양이 늘어나나요?   279

질문 TOP 49   오존으로 인해 사망률까지 증가하나요?   285

질문 TOP 50   최악의 환경파괴가 대형산불이라고요?   290

참고문헌   296
주   302

반기성 센터장의 동영상 강의 차례

 질문 TOP 03
지구온난화란 무엇을 말하나요 30

질문 TOP 04
온실가스 농도가 매년 최고를 기록한다고요? 35

 질문 TOP 06
기후변화의 원인은 자연인가요, 인간인가요? 46

질문 TOP 08
50℃가 넘는 엄청난 폭염은 왜 발생하나요? 59

 질문 TOP 14
태풍을 괴물로 만드는 주범이 기후변화인가요? 89

질문 TOP 19
미래에는 물을 차지하기 위해 전쟁까지 할까요? 117

 질문 TOP 20
세계의 절반이 굶주린다는 게 정말 사실인가요? 122

질문 TOP 22
북극권 빙하가 계속 녹으면 무슨 일이 생기나요? 137

 질문 TOP 23
지구의 에어컨인 남극 빙하는 왜 사라지고 있나요? 143

질문 TOP 26

해수 온도가 계속 높아지면 어떤 일들이 생기나요? 157

질문 TOP 28

인류는 해수면 상승에 어떻게 대처해야 하나요? 167

질문 TOP 32

바다 생물의 멸종 위험이 정말 현실화될까요? 190

질문 TOP 38

독감의 원인도 정말 기후변화 때문인가요? 224

질문 TOP 41

영구동토층이 녹으면 바이러스가 부활하나요? 240

질문 TOP 45

미세플라스틱이 우리를 위험에 빠트린다고요? 264

질문 TOP 46

하늘의 미세먼지가 끔찍한 독성물질이라고요? 269

질문 TOP 47

매년 320만 명이 실내 공기오염으로 숨진다고요? 274

질문 TOP 50

최악의 환경파괴가 대형산불이라고요? 290

지구는 오랜 세월 동안 자전축의 기울기나 세차 운동 등의 자연적 원인으로 빙하기와 간빙기가 번갈아 나타났습니다. 때때로 혜성이 지구에 부딪혀 생물 멸종사태도 다섯 차례나 있었습니다. 그런데 최근 지구의 기후가 바뀌기 시작한 것은 사람들이 석탄과 석유등의 화석 연료를 사용하면서 배출된 온실가스 영향 때문이었습니다. 인간이 배출한 온실가스가 너무 많다 보니 기후위기가 닥쳐온 것입니다.

1

기후위기의 개념과 원인은 바로 이것입니다

질문
TOP
01

지구의 기후는
그동안 어떻게 변해왔나요?

약 150억 년 전 빅뱅(대폭발)에 의해서 우주가 탄생했습니다. 모든 물질 가운데 가장 가벼운 원소인 수소와 헬륨이 가장 먼저 만들어졌고, 이렇게 만들어진 물질이 모여서 약 100억 년 전 은하계를 만들었습니다.

은하계에 포함된 별들이 붕괴와 폭발 과정을 거치는 동안 무거운 원소가 만들어졌고, 약 50억 년 전에는 우주에 퍼져 있는 물질이 모여 태양이 만들어졌습니다. 그리고 우리가 사는 지구 등 태양계 내의 행성들은 성간물질이 응축하고 충돌하는 과정에서 형성되었습니다.

지구가 만들어진 이후 전 지구적인 큰 변화를 보면 '지자기 극의 변화, 외계로부터의 운석 충돌, 환경 변화를 수반하는 기후변화' 등 3가지를 들 수 있습니다. 이러한 변화를 수없이 되풀이해 겪고 난 다음 생명체가 탄생했고 지금 인류의 시대가 온 것이지요.

지구의 46억 년 역사는 크게 은생대(46억~38억 년 전), 선캄브리아기(38억~5억 7,000만 년 전), 고생대(5억 7,000만~2억 5,000만 년 전), 중생대(2억 5,000만~6,600만 년 전), 신생대(6,600만 년 전~현재)로 나뉩니다.[1] 이들 시대를 구분하는 경계는 '생물체의 멸종과 진화'로 결정하는데, 각각의 시대마다 각각 다른 기후로 인해 바다와 육지에는 지금과는 완전히 다른 동물들과 식물들이 살았습니다.

은생대와 선캄브리아기의 지구 기후변화

은생대 당시 대기는 수증기, 수소, 염산, 일산화탄소, 이산화탄소, 질소 가스 등을 포함하고 있었습니다. 불처럼 뜨거웠던 지구의 표면이 식으면서 비가 내리기 시작하며 지구에 수분이 만들어졌습니다.

그러다가 38억 년 전에 시작된 선캄브리아기에 이르러 최초의 생물체인 박테리아가 생겼습니다. 얼음 덩어리에서 증발한 수분으로 해양이 만들어졌고, 수분이 증발해 대기에서 분리되어 떨어지면서 산소의 생성이 시작되었습니다. 이후 해양 밖에 살아 있는 식물들이 광합성을 하면서 산소가 만들어졌고, 수억 년이 지나면서 오늘날 생물이 살아갈 수 있도록 변해갔습니다.

🌡️ 고생대와 중생대의 지구 기후변화

선캄브리아기 이후 시작된 것이 고생대로, 약 3억 2천만 년 동안 계속되었습니다. 고생대의 기후는 오늘날보다 변동이 심했으며, 이상 기상 현상도 더 자주 발생했습니다. 고생대 말 열대지역의 온도는 오늘날보다 약 3℃ 높았고, 고위도 지역의 바닷물 온도는 약 10℃ 정도 높았습니다.

고생대 시기의 주된 생명체는 오징어와 문어의 조상으로 알려진 나우틸로이드였습니다. 고생대 말에는 외계로부터 운석이 지구에 떨어져 혹독한 한랭기가 닥치는데, 2억 5,000만 년 전에 있었던 페름 빙하기와 함께 막을 내리게 됩니다.

모든 시대를 통틀어 고생대에 가장 파멸적인 대량 멸종이 발생했습니다. 1천만 년 동안 바다 동물의 75~95%가 사라졌으며, 대부분의 육상생물 또한 자취를 감추었습니다.

이후 중생대가 찾아오는데, 중생대에는 지구 대부분의 지역이 따뜻했습니다. 영화 〈쥐라기 월드〉의 배경인 중생대 중반에는 현재 온대지역에 열대성 기후가 우세했으며, 중생대 말인 백악기의 기후도 쥐라기처럼 따뜻했습니다. 전 세계적으로 위도 70도부터 적도에 이르기까지 아열대 식물이 분포하면서 지금의 석유와 천연가스 등이 만들어졌습니다.

중생대를 맞아 육지에서는 최초의 온혈 동물과 포유류, 영장류와

원시 유제류, 새들이 나타났으며, 공룡들은 북쪽으로 알래스카까지 자신들의 영토를 넓혔습니다. 중생대 말 다시 혜성이 지구와 충돌하면서 기온이 뚝 떨어졌고 대량 멸종사태가 발생했습니다. 이로 인해 지구에 살았던 공룡들도 완전히 자취를 감추게 됩니다.

 ## 신생대 기후의
특징은 무엇인가요?

신생대는 빙하시대와 기후변화가 크게 변했던 시기였습니다. 마이오세 때에 폭이 약 2,000km, 해발고도 약 5,000m에 달하는 티베트 고원이 융기하면서 우리나라 기후에도 영향을 주었습니다. 홍적세 말에는 빙하기가 닥치면서 많은 생물이 멸종되었는데, 이때 매머드라고 불리는 거대한 코끼리가 사라졌습니다.

제4기는 플라이스토세(160만~12,000년 전)와 홀로세(12,000년 전~현재)로 나뉘는데, 플라이스토세는 현재보다 추웠습니다. 특히 1만 8천년 전은 지구상에 빙하가 제일 많았던 시기로, 빙하의 부피가 현재의 약 2배였으며 지표의 약 35%가 빙하로 덮여 있었습니다.

이후 홀로세는 따뜻해지면서 안정된 기후를 보였습니다. 전 지구적으로 온도가 1℃ 범위에서 상승과 하강을 반복했습니다.

기후변화로 인한
다섯 번의 생물 멸종

　지구상에서 생물 종들이 크게 절멸한 사건은 다섯 번이나 있었습니다. 고생대 초기의 오르도비스기 말(4억 4,000만 년 전), 고생대의 데본기 후기(3억 6,500만 년 전), 고생대 페름기 말(2억 5,000만 년 전), 중생대의 트라이아스기 말(2억 1,000만 년 전), 그리고 중생대의 백악기 말(6,500만 년 전)입니다.

　이 가운데 가장 큰 규모의 멸종은 고생대 페름기 말에 일어났으며, 바다 생물 종의 96%가 멸종되었습니다. 고생대 초기의 오르도비스기 말에는 어류의 44%와 네발 동물의 58%가 사라졌으며, 백악기 말에는 네발 동물의 40%가 사라졌습니다. 기온이 내려가거나 산소가 모자라거나 유성이 부딪치거나 화산이 폭발하는 등 모든 멸종의 원인은 다름 아닌 기후변화였습니다.

 ── 반기성 센터장의 꿀팁 ──────────

> 우리가 사는 지구는 46억 년 전에 만들어졌습니다. 지자기 극의 변화, 운석 충돌, 기후변화 등의 변화를 거쳐 생명체가 탄생했고, 은생대에서 시작해 우리가 현재 살고 있는 신생대로 진화해왔습니다. 시대를 구분하는 경계는 생물체의 멸종과 진화로 결정하는데, 생물종이 크게 사라졌던 시기가 다섯 번 있었습니다.

질문 TOP 02

사람들에 의한 기후변화란 무엇을 말하나요?

『소 방귀에 세금을?』이라는 책이 있는데,[2] 초등학교의 환경 토론 수업에서 많이 사용하는 '지구 환경 교과서'라 할 수 있습니다. 그런데 지구에서 메탄을 가장 많이 배출하는 것은 사람이 키우는 소나 양 등 반추 동물입니다.

이들 반추 동물이 1년에 방귀나 트림으로 배출하는 메탄의 양은 이산화탄소로 환산하면 2.3Gt(기가톤)이나 되면서 기후변화에 큰 영향을 줍니다. 사람들이 먹기 위해 키우는 동물에 의한 기후변화의 좋은 예라고 할 수 있습니다. 그렇다면 사람들이 만드는 기후변화에는 무엇이 있는지 구체적으로 알아봅시다.

지구 기온의 급격한 상승을 부른
이산화탄소의 증가

지구 역사 중 80만 년 동안의 이산화탄소 농도변화를 분석한 미항 공우주국의 그림 자료를 보면, 아래에서 보듯 80만 년 동안 이산화 탄소 농도가 300ppm을 넘은 적이 없었습니다.

그런데 1911년에 300ppm을 넘어선 이후 그림에서 거의 위로 직선처럼 이산화탄소 농도가 상승하고 있습니다. 이에 세계기상기구 는 공식적으로 "지구 기온의 급격한 상승은 이산화탄소 농도의 증가 때문"이라고 밝혔습니다.

그리고 2023년 5월에 하와이에 있는 마우나로아 관측소의 이산 화탄소 농도가 424ppm을 넘어섰습니다.[3] 이 추세대로라면 지구의 기온도 급격하게 상승할 것으로 예상할 수 있습니다.

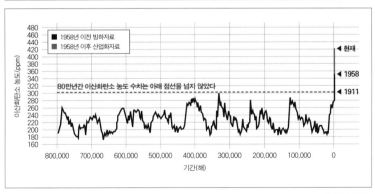

출처: NASA

기후 전문가들은 이런 속도라면 21세기 중반에는 이산화탄소 농도가 450ppm에 이를 것으로 추정합니다. 450ppm은 기후변화에서 매우 중요한 분기점인데, 450ppm이 되면 세계 평균 기온이 산업혁명 이전보다 평균 2℃ 이상 올라갈 것으로 예상하기 때문입니다. 상상하기 어려운 자연 재해가 수없이 발생할 수 있다는 뜻입니다. 지금 이산화탄소 농도가 420ppm을 넘어선 것은 이 끔찍한 미래에 대한 사전 경고등인 셈입니다.

 ## 다른 온실 기체의
영향도 있다고요?

이산화탄소 외에도 온실 기체로서 중요한 역할을 하는 기체가 메탄(NH_4), 아산화질소(N_2O), 프레온가스(CFC)입니다. 이 중 메탄은 대기 중에 1.7ppm만 존재할 정도로 매우 극소량이지만 온실효과가 이산화탄소보다 73배 이상 높아서 소량이라도 온실효과에 큰 영향을 줍니다.

메탄은 늪, 습지, 초식 가축의 분뇨 등 산소가 적고 축축한 곳에서 박테리아의 활동으로 발생합니다. 이는 1800년 이래 2배 이상 증가했는데, 가장 주요한 원인은 가축과 농지의 증가입니다. 앞으로 육류의 수요가 늘어날 것이기에 메탄 증가는 필연적입니다.

아산화질소(N_2O)의 증가 역시 인간의 경작 활동으로 이루어집니다. 농부들은 농산물 증산을 위해 질소 비료를 많이 사용하는데, 이때 질소의 일부가 산화질소의 형태로 대기 중으로 유입됩니다. 또한 화석 연료가 고온에서 연소할 때 아산화질소가 발생하기도 합니다. 아산화질소는 대기 중에 머무는 시간이 150년가량이나 되기에 현재와 같은 증가율로 계속 대기 중에 방출될 경우엔 온실효과가 더욱 커지겠지요.

프레온가스(CFC)는 전적으로 인간에 의해 만들어진 기체입니다. 프레온가스는 처음엔 인간이 만든 가장 훌륭한 기체라는 평가를 받기도 했습니다. 하지만 메탄에 해당하는 정도의 온실효과를 일으켜 성층권 오존층 파괴의 주범으로 알려졌습니다. 다행히도 1987년 캐나다에서 체결된 몬트리올 의정서 이후 프레온가스 사용량이 점차 줄어들고 있습니다.

산림 벌채, 에어로졸 증가, 사막화도 기후변화를 가져오나요?

산림이 무성하면 좋은 점이 많습니다. 나무는 이산화탄소를 흡수해서 산소를 배출해주기 때문에 인류가 생활하기에 좋은 여건이 될 뿐만 아니라 기후변화를 막을 수 있습니다. 그런데 최근 산림이 무분별하게 파괴되면서 기후변화가 심각해지고 있습니다.

에어로졸도 기후변화에 영향을 주는데, 대기 중에 물방울 같은 액

무분별한 산림 벌채 모습

체나 먼지 등의 작은 알갱이들이 분산된 것을 에어로졸이라 부릅니다. 에어로졸은 지구온난화와도 관련이 있습니다. 안개가 끼었을 때 시야가 흐려지는 것과 같은 원리로, 대기 중에 떠 있는 입자들이 태양 빛을 반사해 산란시키면서 태양 빛을 차단하는 효과가 있습니다. 따라서 에어로졸이 대기 중에 많으면 기후변화를 막는 역할을 합니다. 다만 에어로졸에는 대기오염물질이 흡착되어 있어서 건강에는 나쁩니다.

또한 기후변화에 영향을 주는 것이 사막화인데, 사막화란 사막 주변과 초원 지대가 기후변화와 인간 활동으로 토양의 질이 저하되면서 점차 사막으로 변하는 현상을 말합니다. 사막화로 인한 피해 중 하나는 생물 종이 사라지는 것입니다.

사막화가 진행되면 토양 내에 염류가 많아지면서 땅이 황폐해지고, 이것은 농작물 감산으로 이어져 식량난을 가져옵니다. 그리고 사막화로 산림이 사라지면서 기후가 변합니다. 지표면의 태양에너지 반사율이 증가하면서 지표가 냉각되어 온도가 낮아지면 지표면에는 고기압이 자리 잡으면서 더욱 건조해져 사막화가 더 빠른 속도로 진행됩니다.

 반기성 센터장의 꿀팁

자연적인 지구축의 변화나 세차 등의 영향이 아닌 사람들이 배출한 온실가스가 기후변화를 만들었습니다. 80만 년 동안 이산화탄소 농도가 300ppm을 넘은 적이 없었는데 2023년에 420ppm을 넘어섰습니다. 온실가스 외에 산림벌채나 에어로졸 증가, 사막화도 사람들에 의한 기후변화라고 할 수 있습니다.

질문 TOP 03

지구온난화란
무엇을 말하나요?

▶ **저자 직강 동영상 강의로 이해 쑥쑥**
QR코드를 스캔하셔서 동영상 강의를 보시고
이 칼럼을 읽으시면 훨씬 이해가 잘됩니다!

지구온난화(Global Warming)가 발생하는 온실효과 개념은 1972년에 발표된 '로마 클럽(Club of Rome) 보고서'에서 처음 세계적으로 사용되기 시작했습니다. 이 보고서에서는 인구의 폭발적인 증가, 천연자원의 고갈과 함께 이산화탄소, 메탄 등의 온실가스로 인한 지구 온도 상승을 예상했고, 이로 인해 앞으로 인류는 큰 어려움에 직면해 생존이 어려워질 것으로 전망했었습니다. 로마클럽은 1994년 발표한 미래예측보고서에서도 "현재와 같은 방식으로 살아간다면 인류는 머지 않아 자멸하고 만다."고 경고했습니다. 로마클럽의 거듭되는 경고에도 불구하고 현재 더욱 심각한 지구온난화로 인해 인류는 큰 어려움에 직면했습니다.

지구온난화가
옛날부터 있었다고요?

기후위기를 이해하기 위해선 지구온난화를 알아야만 합니다. 지구온난화는 단어 뜻처럼 지구의 온도가 점점 오르고 있다는 것인데, 이러한 현상은 대기 중에 온실가스가 있기 때문입니다.

온실가스의 종류로는 7가지가 있는데, 이산화탄소(CO_2), 메탄(CH_4), 아산화질소(N_2O)가 3대 온실가스로서 온실효과에 미치는 영향이 가장 크고, 수소불화탄소(HFCs), 과불화 탄소(PFCs), 육불화황(SF_6), 삼불화질소(NF_3)도 포함됩니다. 이 중에서 이산화탄소의 영향이 74% 이상이기에 지구온난화 문제가 나오면 대개 이산화탄소를 가지고 이야기하게 됩니다.

그렇다면 최근에 와서야 온실가스 문제가 생겼을까요? 그렇지 않습니다. 온실효과는 지구의 태초부터 있었는데, 최근에 와서 문제가 되는 것은 온실가스가 인간의 활동으로 급격히 증가하면서 심각한 지구온난화를 가져왔기 때문입니다.

대표적인 온실가스인 이산화탄소를 예로 들어보겠습니다. 산업혁명 당시 대기 중 이산화탄소량은 280ppm(공기 100만 개에 이산화탄소 280개)이었는데, 2023년 5월 기준 424ppm을 넘어섰습니다. 지난 250년간 무려 50%나 늘어난 것인데, 앞으로 화석 연료 사용을 획기적으로 줄이지 않는 한 이산화탄소 농도는 2050년에 이르면 550ppm이 넘게 될 것으로 전망하고 있습니다.

설령 2050년에 탄소 중립(온실가스 순 배출량을 제로로 만드는 것)을 달성한다고 해도 이미 지금까지 배출된 이산화탄소가 공기 중에 쌓여 있습니다. 앞으로 30여 년간 추가로 쌓일 이산화탄소의 영향으로 지구온난화는 더욱 극심해지면서 심각한 기후위기 시대가 올 것이라고 기후 과학자들은 말하고 있답니다.

 ## 온실효과 때문에 생긴
지구온난화

대기 중에 늘어나는 온실가스는 온실효과(Greenhouse Effect)를 만들어냅니다. 지구에 들어오는 태양의 가시광선 파장은 태양 표면의 온도인 약 6,000k에 대응하는 반면, 지구에서 우주로 복사하는 적외선의 파장은 지구 표면의 온도 약 300k에 대응합니다. 물체가 고온일수록 높은 열에너지와 짧은 파장을 가지는데, 태양 빛이 여기에 속합니다. 반대로 지구의 온도는 낮아서 에너지가 작고 파장도 길어지는데, 바로 이 차이가 지구온난화를 만듭니다.

태양으로부터 지구로 오는 복사에너지 중에서 구름과 지표 반사 등으로 30% 정도가 대기권 밖으로 나가고, 대류권 수증기와 구름, 성층권 오존에 의해서 20% 정도가 대기에서 흡수됩니다. 나머지 50%가 지표면에서 흡수되어 지표면을 데우는데, 이로 인해 지구 표면이 대류권에서 기온이 가장 높아지는 것이지요.

그런데 지표면은 에너지를 우주로 돌려보내는 장파복사인 적외선 복사를 하게 되는데, 지표면에서 복사되는 적외선은 대기 중의 이산화탄소 등의 온실가스에 의해 흡수되어 상당 부분이 지구 대기권 밖으로 나가지 못하게 됩니다. 결국 지구의 온도는 상승하게 되고 이 효과를 '온실효과'라고 부릅니다.[4]

예를 들어 비닐이나 유리창으로 둘러싸인 온실의 내부는 따뜻하지요? 비닐이나 유리는 태양 빛의 단파(가시광선)는 잘 투과시킵니다. 태양빛으로 따뜻해진 온실안의 온도는 태양빛보다 매우 차갑기 때문에 장파(적외선)복사를 하게 됩니다. 그런데 장파는 비닐이나 유리를 통과하지 못합니다. 따라서 온실안의 기온은 상승하는 것입니다. 즉 대기 중에 온실가스가 적절하게 있을 때는 지구의 기온을 일정하게 유지해주는 역할을 합니다. 그런데 온실가스가 지나치게 공기 중

지구온난화로 고통받는 북극곰

에 넘치게 되면 온실효과가 나타나고 지구온난화가 심각해지는 것입니다.

최근에는 지구온난화(Global Warming)라는 단어 대신 지구열대화(Global Tropical)라는 말도 사용하는데, 2023년 7월 세계기상기구가 당월이 역사상 가장 더운 달이라는 분석을 내놓았습니다. 이에 안토니우 구테흐스(António Guterres) 유엔 사무총장은 다음과 같은 말로 호소했습니다. "이젠 지구온난화가 아닌 지구열대화 시대이다. 현재 기후변화는 두려운 상황이지만 시작에 불과하다. 이젠 끔찍한 기후변화가 시작되었다. 북미, 아시아, 아프리카, 유럽 지역이 '잔인한 여름'을 맞게 될 것이다. '끓는 지구'는 지구 전체의 재앙으로 분명한 인간의 책임이다. 유엔 회원국이 즉각적으로 기후변화를 막을 행동에 나서야 한다."

 반기성 센터장의 꿀팁

지구온난화는 사람들이 배출한 이산화탄소, 메탄, 아산화질소, 프레온가스등의 온실가스가 늘어나면서 대기 중에서 온실효과를 가져오기 때문입니다. 온실효과는 태양으로부터 들어온 에너지를 우주로 나가지 못하게 막는 것을 말합니다. 이로 인해 지구가 점점 더워지는 것을 말합니다.

온실가스 농도가
매년 최고를 기록한다고요?

 ▶ **저자 직강 동영상 강의로 이해 쑥쑥**
QR코드를 스캔하셔서 동영상 강의를 보시고
이 칼럼을 읽으시면 훨씬 이해가 잘됩니다!

온실가스가 예상보다 더 빨리 증가할 경우 기후변화로 인한 재앙이
더 빈번하고 강하게 발생할 가능성이 커집니다. 그 이유는 온실가스
가 대기 중에 열을 가두는 지구온난화 효과가 커지면서 기온이 높게
오르기 때문입니다.

  페테리 탈라스(Petteri Taalas) 세계기상기구 사무총장은 "온실가스의
빠른 증가는 우리에게 온실가스 배출량을 줄이고 향후 지구 기온이
더 상승하는 것을 막기 위한 긴급 조치의 필요성을 다시 한번 보여
주었다"라고 말합니다. 그만큼 온실가스 증가가 매우 심각하다는 말
입니다.

2022년 온실가스 보고서는 어떤 내용을 담고 있나요?

세계기상기구는 27차 당사국총회가 열리기 전인 2022년 10월 26일에 '지구에 더 나쁜 소식: 온실가스 수치가 새로운 최고치를 기록했다'라는 제목의 보고서를 발표했습니다.[5] 온실가스 증가의 심각성을 27차 당사국총회에 참석하는 각국 대표들에게 알리기 위해 작성된 것이지요.

이 보고서에서는 이산화탄소, 메탄, 아산화질소 등 3대 주요 온실가스의 대기 수준이 2021년에 모두 사상 최고치를 경신했으며, 특히 메탄은 40년 전에 측정이 시작된 이후 가장 큰 농도 증가를 기록했다고 밝혔습니다. 이렇게 매우 이례적인 증가를 보인 이유는 인류가 배출하는 메탄과 생물학적 현상에 기인한 것으로 추정했습니다.

온실가스 중 4개의 프레온가스 종류의 물질들은 1987년 체결된

공장에서 나오는 온실가스의 주범

몬트리올 의정서 이후 점차 줄어들고 있는데, 기후변화에 가장 큰 영향을 주는 이산화탄소의 증가가 심각하다고 밝혔습니다. 보고서에서는 2020년부터 2021년까지의 이산화탄소 수치 증가는 지난 10년간 연평균 증가율보다 컸으며, 세계기상기구의 글로벌 네트워크 스테이션의 측정 결과를 지켜볼 때 2022년에도 전 세계적으로 계속 상승하고 있다고 밝혔습니다. 이산화탄소 농도는 1985년 이후 꾸준히 증가하고 있으며, 농도 증가율은 최근 연 2.5ppm 이상 증가하고 있습니다.

기후변화에 관한 정부 간 협의체(IPCC) 6차 보고서에 따르면 이산화탄소 전체 배출량 중 33%가 석탄, 29%가 석유, 18%가 가스에서 배출되고 있고, 15%가 토지이용, 4%가 시멘트 순입니다. 거의 대부분이 인간의 활동에 의한 배출입니다.

온실효과에서 두 번째로 많은 영향을 주는 메탄 농도의 증가속도는 정말 걱정스러운 정도인데, 2021년에 대기 중 메탄 농도가 40년 측정 이래 가장 많이 증가한 것으로 나타났습니다. 아산화질소의 2021년 전 세계 평균농도는 334.5ppb로, 산업화 이전보다 124%가 늘어났답니다.

미국 오리건주립대학 연구팀은 2024년 5월 13일에 "역사상 전례 없을 정도로 이산화탄소 농도가 빠르게 증가하고 있다"라고 발표했습니다. 연구팀은 지속해서 이산화탄소 농도가 상승하면 남극해 등 바다에서 흡수해주는 탄소량이 줄어들면서 기후변화는 더 심각해질 수 있다고 경고합니다.

2023년 온실가스 보고서는
어떤 내용을 담고 있나요?

2023년 11월 15일 세계기상기구는 '2023년 온실가스 농도가 사상 최고치를 기록했습니다'라는 보고서를 발표했습니다.[6] 지속해서 증가하는 온실가스의 농도가 사상 최고치를 기록할 만큼 증가 추세는 끝이 안 보일 정도로 심각한 상황입니다.

오른쪽의 그림 자료는 좌측부터 이산화탄소, 메탄, 아산화질소가 증가한 모습을 나타낸 것입니다. 먼저 2022년 가장 중요한 온실가스인 이산화탄소의 전 세계 평균 농도는 처음으로 산업화 이전 시대보다 50% 높았으며, 2023년에도 계속 증가했습니다.

두바이에서 열리는 유엔기후변화협약 당사국총회(COP28)를 알리기 위해 발간된 「온실가스 게시판(Greenhouse Gas Bulletin)」에 따르면 2023년 이산화탄소 농도의 증가율은 전년도와 10년 평균보다 약간 낮았습니다. 하지만 이는 탄소 순환의 자연적이고 단기적인 변동 때문일 가능성이 큽니다. 여기서는 산업 활동의 결과로 새로운 배출량이 계속 증가하고 있다고 밝혔습니다.

「온실가스 게시판」에 따르면 메탄 농도도 증가했고, 세 번째 주요 가스인 아산화질소 수치가 2021년부터 2022년까지 전년 대비 가장 높은 증가세를 보였습니다.

이렇듯 온실가스 증가가 심각한 문제인 이유는 이산화탄소 배출량의 절반 미만이 대기 중에 오랫동안 남아 있기 때문입니다. 4분

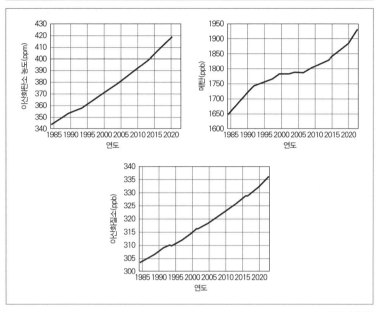

좌측으로부터 이산화탄소, 메탄, 아산화질소의 농도변화도

출처: WMO

의 1 이상이 바다에 흡수되고 30% 미만이 숲 등의 육상 생태계에 흡수되지만, 이 수치는 해마다 상당한 차이가 있습니다. 그러니까 이산화탄소 배출이 계속되는 한 이는 대기 중에 계속 축적되어 지구 온난화가 심각해질 겁니다.

또한 이산화탄소의 긴 수명을 고려할 때, 배출량이 순 제로로 빠르게 감소하더라도 이미 배출된 이산화탄소로 인한 온도 상승은 수십 년 동안 지속할 것으로 전망했습니다. 세계기상기구는 지구가 마지막으로 지금과 비슷한 이산화탄소 농도를 경험한 것은 3,500만 년 전이었다고 합니다. 당시 온도가 지금보다 2~3℃ 더 더웠고 해수면이 10~20m 더 높았다고 말하면서 온실가스 상승을 경고했습니다.

이렇게 온실가스가 지속적으로 빠르게 상승한다면 인류가 지구에서 살 날이 얼마 남지 않은 것 같아 두렵다는 생각이 듭니다. 우리가 지구온난화에 더 많은 관심을 가져야 할 이유입니다.

 반기성 센터장의 꿀팁

온실가스 농도가 높아질수록 지구온난화는 더욱 심각해집니다. 2023년 세계기상기구의 「온실가스 게시판」에 의하면 이산화탄소 농도는 지속적으로 높아지고 있고, 메탄과 아산화질소는 2023년에 역대 가장 많이 증가한 온실가스입니다.

질문
TOP
05
우리는 온실가스를
얼마나 많이 줄여야 하나요?

인류가 인류답게 살아가기 위해서는 지금의 온실가스 감축 목표보다 훨씬 더 많이 줄여야 합니다. '우리는 잘못된 방향으로 가고 있다'라는 보고서를 기후와 연관된 과학 연합 기관들이 발표했습니다.[7] 보고서는 온실가스, 지구 온도, 기후 예측 및 전환점, 극심한 날씨 영향 및 조기 경고에 초점을 맞추고 있다고 합니다. 현재 지구의 기후변화가 심상치 않으므로 온실가스를 지금이라도 큰 폭으로 줄여야한다는 겁니다.

각국의 2030년 탄소배출 감축 공약이
7배 이상 높아져야 한다고요?

세계기상기구는 "과학연합기관들의 보고서에 따르면, 훨씬 더 획기적이고 확실한 조치가 없다면 기후변화는 물리적·사회경제적으로 점점 더 파괴적인 영향을 미칠 것이다. 온실가스 농도는 계속해서 사상 최고치를 기록하고 있음을 보여주고 있다. 파리 협정의 1.5℃ 목표를 달성하기 위해서는 각국의 2030년 탄소배출 감축 공약이 지금보다 7배 이상 높아져야 한다"라고 말했습니다.[8]

이 보고서를 접한 안토니우 구테흐스 유엔사무총장은 "홍수, 가뭄, 폭염, 극심한 폭풍과 산불은 점점 심각한 수준으로 악화되고 있고, 놀라운 빈도로 기록을 경신하고 있다. 유럽에는 극심한 폭염, 파키스탄에서는 엄청난 홍수가 났다. 중국, 아프리카의 뿔, 미국의 장기적이고 심각한 가뭄, 이러한 재난의 규모는 자연스러운 것이 아니다. 이것들은 인류가 화석 연료에 중독된 대가이다"라고 경고했습니다.

페테리 타알라스 세계기상기구 사무총장은 "기후 과학은 인간이 초래한 기후변화로 인해 우리가 경험하고 있는 많은 극단적인 날씨 변화들이 더욱 잦아지고 심해졌다는 것을 보여주고 있다. 우리는 올해 비극적인 결과를 반복적으로 보아왔다. 취약한 지역 사회에서 현재와 미래의 기후 위험에 대한 탄력성을 구축하기 위해 조기 경보 시스템에 대한 조치를 확대하는 것이 그 어느 때보다 중요하다"라고 말하고 있습니다.

과학연합의 보고서는 세계기상기구, 유엔 환경 프로그램, 유엔 재난위험 감소 사무소, 세계 기후 연구 프로그램, 세계 탄소프로젝트, 영국 기상청, 도시 기후변화 연구 네트워크 등의 정보를 포함한 내용으로 이루어져 있습니다.

온실가스 농도가 계속 증가하고 있습니다

이 보고서들에는 기후변화를 일으키는 물질인 온실가스 농도에 대한 상세한 설명이 나와 있습니다. 세계기상기구의 지구대기감시기구(GAW)는 대기 중 이산화탄소(CO_2), 메탄(CH_4) 및 아산화질소(N_2O)의 수치가 계속 상승하고 있다고 밝혔습니다. 팬데믹 기간 동안 2020년에 일시적으로 이산화탄소 배출량이 감소했지만 2021년과 2022년에 이산화탄소 농도가 계속 증가했음이 관측되었는데, 2022년 5월 마우나로아의 이산화탄소 농도는 420.99ppm으로 전년보다 1.86ppm 증가했다고 합니다.

세계 각국의 탄소 배출량을 추적하는 국제과학자그룹(GCP)인 글로벌카본프로젝트의 분석에 따르면 2021년 전 세계 화석 이산화탄소 배출량은 광범위한 봉쇄로 2020년 5.4% 감소한 후 2022년에는 2019년 팬데믹 이전 수준으로 되돌아갔습니다. 지속해서 이산화탄소 배출량을 줄이던 유럽 등의 국가는 최근 에너지 위기로 인해 다시 이산화탄소가 증가했다고 밝혔습니다. 특히 글로벌카본프로젝트는 토지이용 변화에 따른 온실가스 배출량의 4분의 1이 국가 간 식량 무역과 관련이 있으며, 그중 4분의 3 이상은 방목을 포함한 농업을 위한 토지 개간 때문이라고 밝혔습니다.

온실가스를 줄여야
지구 기온 상승을 막습니다

온실가스가 증가하면서 가장 심각한 것이 바로 지구 기온의 상승입니다. 세계기상기구의 '지구 기후 현황: 2018-2022'을 보면 2015년부터 2021년까지가 기록상 가장 따뜻한 해였습니다. 2018~2022년 지구 평균기온(2022년 5~6월 기준)은 1850~1900년 평균기온보다 1.17±0.13℃ 높았습니다. 라니냐가 3년째 영향을 주면서 기온 상승을 저지함에도 기온은 상승하고 있고 엘니뇨로 돌아온 2023년에는 기온 상승이 더 급격해질 것으로 예측했지요.

대기만 아니라 해양 열 함량도 높아지고 있습니다. 지구 시스템에 축적된 열의 약 90%가 바다에 저장되며, 2018~2022년 해양 열 함량은 다른 어떤 5년 기간보다 높았고, 해양 온난화율은 지난 20년 동안 특히 높은 증가율을 보였다고 밝혔습니다.

영국 기상청(Met office)은 '2022~2026년 지구 기후 예측'을 통해 2022년부터 2026년까지의 연평균 지구 표면 온도는 산업화 이전 수준(1850~1900년)보다 1.1℃에서 1.7℃ 더 높을 것으로 예측했습니다. 특히 향후 5년 중 적어도 1년 동안 연평균 지구 표면 온도가 산업화 이전 수준보다 일시적으로 1.5℃를 초과할 가능성은 48%이며, 이는 시간이 지날수록 증가하고 있다고 주장했습니다. 그리고 향후 5년 중 적어도 1년은 기록상 가장 따뜻한 해인 2016년보다 따뜻할 확률이 93%이며, 2022~2026년의 평균기온은 지난 5년보다 높을 것으로 예측했습니다.

이에 유엔환경계획(UNEP)은 각 나라가 UN에 제출한 온실가스 감축 공약은 온실가스 배출을 낮추는 데 어느 정도 진전이 있지만 충분하진 않다고 밝혔습니다. 또한 지구온난화를 2℃로 제한하기 위해서는 4배, 1.5℃로 제한하기 위해서는 현재보다 7배 정도 온실가스 감축 목표를 더 높여야 한다고 주장했습니다.

유엔 정부 간 기후변화 패널(IPCC)은 지구온난화를 1.5℃로 제한하기 위해서 세계 온실가스 배출량을 2019년 수준보다 2035년까지 60% 감소해야 한다고 주장했습니다. 참고로 우리나라 목표는 2018년 대비 40% 감축하는 안을 유엔에 보고했습니다.

 반기성 센터장의 꿀팁

> 지구의 기온상승을 산업화 이전 1.5℃ 이내로 막기 위해서는 온실가스를 급격히 줄여야 합니다. 유엔정부 간 기후변화 패널(IPCC)은 1.5℃ 이내로 제한하기 위해 온실가스 배출량을 2019년 수준보다 2035년까지 60%를 감축해야 한다고 발표했습니다.

기후변화의 원인은
자연인가요, 인간인가요?

▶ **저자 직강 동영상 강의로 이해 쑥쑥**
QR코드를 스캔하셔서 동영상 강의를 보시고
이 칼럼을 읽으시면 훨씬 이해가 잘됩니다!

"우리나라 국민의 대부분은 기후변화를 직접 느끼고 있으며 이를 해결하기 위해 발생하는 불편함을 감수할 의향이 있다." 이는 환경보건시민센터가 여론 조사 전문 기관 리서치뷰에 의뢰해 전국 성인 1,000명을 상대로 진행한 주요 환경정책 관련 여론 조사에서 나온 내용입니다.

환경보호시민센터의 조사 결과 응답자 가운데 89.2%는 '기후변화를 체감한다'라고 답변했으며, 응답자의 88.5%는 '기후변화 해결을 위해 도입되는 정책으로 인한 불편함을 감수할 의향이 있다'라고 답변했습니다.

자연이 기후변화를 만들었다고
주장하는 사람이 있다고요?

 2022년 8월에 기후학자 1,200명이 기후변화는 자연적인 현상이라고 주장하는 선언을 했습니다. 노르웨이 노벨 물리학상 수상자인 이바르 지아에버(Ivar Giaever) 교수가 주도한 이 선언은 지구의 기후는 행성이 존재하는 한, 자연적으로 춥고 따뜻한 기간과 함께 오랫동안 변해왔다는 내용입니다.[9] 이들이 기후변화를 주장하는 학자들을 반대하는 주요한 이유는 기후 모델의 정확성이 신뢰하기 어렵다는 겁니다.

 이들은 "이산화탄소는 오염물질이 아니다. 지구의 모든 생명체에 필수적이다. 광합성은 축복이며, 더 많은 이산화탄소는 지구를 푸르게 하는 자연에 이롭다. 공기 중의 추가적인 이산화탄소는 지구 식물 바이오매스의 성장을 촉진하므로 농업에도 좋으며, 전 세계적으로 농작물의 수확량을 증가시킨다"라고 주장합니다. 이들뿐만 아니라 기후변화가 인간의 책임이 아니라고 주장하는 학자들은 "기후변화에 대한 인간의 책임이 비합리적으로 과장되었고 재앙적인 예측은 현실적이지 않다"라고 주장합니다.

 이들은 산업혁명 이후의 지구온난화는 자연변화로 인해 생겼다고 말합니다. 이들은 지구온난화가 허리케인, 홍수, 가뭄과 같은 자연재해를 심화시키고 있다는 통계적인 증거도 없다고 말합니다. "우리는 2050년에 달성하기로 한 탄소 중립정책에 강력하게 반대한다.

지구는 저렴한 에너지를 제공함으로써 '모두를 위한 번영'이 되어야 한다"라고 주장합니다. 그러나 이들의 주장은 과학적인 근거가 매우 약합니다.

기후변화가 사람 때문이라고 주장하는 학자들은 누구인가요?

인류에 의해 기후변화가 만들어진다는 주장을 하는 대표적인 과학자로는 첫째, 미국 버지니아대학교의 환경과학과 교수 출신인 윌리엄 러디먼(William Ruddiman) 교수가 있습니다. 그는 인류가 온실가스를 많이 만들기 시작한 것은 수천 년 전 시작된 농업 때문이라고 합니다. 농업을 하기 위해 대규모로 산림을 파괴하고 논농사로 인한 습지 확산이 온실가스를 배출하면서 지구 기온을 대략 0.8℃ 정도 상승시켰다는 겁니다. 또한 그는 역사에 있었던 천연두, 페스트 그리고 미주정복으로 인한 전염병 전파가 많은 사람을 죽이면서 이산화탄소 농도가 낮아진 사실을 증명했습니다.

두 번째 학자는 노벨화학상을 받은 폴 크루첸(Paul Crutzen) 교수입니다. 그는 인간이 온실가스를 엄청나게 대기 중으로 뿜어내어 지구의 대기 조성에 미친 영향이 '너무나 뚜렷하다'고 주장했습니다.

세 번째 학자는 포츠담 기후 영향 분석연구소의 안드레이 가노폴스키(Andrei Ganopolsky) 박사입니다. 그는 산업혁명 이후 진행된 온실가스 배출로 앞으로 10만 년은 빙하기가 도래하지 않을 것이다"라는 주장을 했습니다. 그는 산업혁명 이후에 배출된 이산화탄소 누적량에 대한 예측으로도 유명하답니다.

기후변화가 인류 때문이라는 확증은 무엇인가요?

2023년 4월에 IPCC가 6차 보고서를 발표했는데, 이전 보고서와의 가장 큰 차이는 기후변화가 인류에 미친 영향이었습니다. 2015년 제5차 평가보고서 제1차 실무그룹 보고서에서는 "기후시스템에 대한 인간의 영향은 확실하다(clear)"라고 선언했었습니다.

8년이 지난 2023년에 발표한 제6차 보고서에서는 "인간의 영향으로 대기와 해양, 육지가 온난화한 것은 자명하다(unequivocal)"라고 밝혔습니다. '자명하다'는 말은 인간이 배출한 온실가스에 의한 지구온난화가 과학적 사실이라는 점을 더욱 강하게 강조한 말입니다. 평가결과 99~100% 가능성이 있으면 '사실상 확실', 95~100%면 '대단히 가능성 큼', 90~100%면 '매우 가능성 큼' 식으로 단서를 달고 있습니다. 6차 보고서는 "최근 10년 동안 관측된 일부 고온 현상은 인간의 영향 없이는 발생하기 어렵다"라고 밝히면서 '대단히 가능성 큼'이라는 단서를 붙였습니다. 즉 최근의 폭염, 가뭄, 대홍수 등 기후변화는 인간이 만든 가능성이 95~100%라는 것이지요.

미국 코넬대학교 연구팀은 세계 주요 학술지에 발표된 기후 관련 논문 9만여 편을 분석해보았습니다.[10] 분석 결과 9만여 편의 논문 중에서 기후변화의 원인을 인류 활동이 아닌 자연현상으로 보는 논문은 군소 학술지에 발표된 28편뿐이었습니다. 그러니까 '기후변화는 인류가 배출한 탄소 때문'이라는 연구가 무려 99.9997%였다는 것이었습니다. 연구팀은 이젠 과학계에서 인간이 기후변화를 초래한다는 것을 의심하는 사람은 아무도 없다고 선언했습니다.

 반기성 센터장의 꿀팁

기후변화는 자연적인 현상이라고 주장하는 학자들이 있습니다. 그러나 '2023 IPCC 6차보고서'에서는 인류의 영향으로 기후변화가 만들어진 확률이 95~100%라고 발표했습니다. 코넬대학교 연구팀은 전 세계 주요 학술지에 발표된 논문 분석을 통해 인류가 기후변화를 만들었다는 논문이 99.9997%라고 밝혔습니다.

트럼프 같은 사람들은
왜 기후변화를 믿지 않나요?

"지구온난화는 중국이 미국의 경쟁력을 약화시키기 위해 벌이는 사기극이다." 이는 전 미국 대통령 도널드 트럼프가 대통령 후보일 때 선거운동 기간 SNS를 통해 밝힌 이야기입니다. 그는 대통령에 당선되자마자 환경보호청장, 에너지부 장관, 백악관 에너지 수석 등 기후변화와 관련된 사람들을 반(反)기후론자로 바꿨습니다. 왜 트럼프는 기후변화를 부정하는 것일까요?

나오미 클라인(Naomi Klein)은[11] "기후변화를 부정하는 사람 중에는 보수주의자, 백인, 남성, 평균 소득이 높은 사람들이 압도적으로 많다. 이들의 특징은, 아무리 근거가 없다고 해도 자신의 견해에 대한 자신감이 다른 사람들보다 훨씬 높다. 지구온난화와 관련한 자신의 인식에 대해 강한 자신감을 표현하는 보수적인 백인 남성 그룹이다.

한 논문에 따르면 기후변화가 '일어나지 않을 것'이라고 믿는 비율이, 다른 그룹에 비해 여섯 배나 높다고 한다"라고 말합니다.

트럼프 대통령은 자신들의 우월함과 부를 자랑하는 미국의 기업, 백인, 보수주의자를 대변하는 정치를 하기 위해 지구온난화를 부정할 수밖에 없습니다. "자연이 말을 하는데 인간이 귀를 기울이지 않고 있다는 걸 생각하면 애석할 따름이다." 대문호 빅토르 위고의 말이 생각나네요.

기후변화의 영향을 믿지 않고 무시하는 사람들

세계를 움직이는 거대 기업들은 기후변화의 영향에 대해 무시하려고 애씁니다. 왜냐하면 자신들이 기후변화를 가져오는 가장 큰 주범이기 때문입니다.

이들은 엄청난 화석 연료를 사용하고 산림을 파괴하며, 자연의 무차별적 개발을 주장합니다. 돈을 벌기 위해 소수의 과학자와 언론 그리고 정치인을 포섭해 인간으로 인한 기후변화는 없다고 주장하게 만듭니다. 우리나라의 전경련(전국 경제인연합회의 약자로, 1968년에 창립된 대한민국의 경제단체이다)이 기후변화가 인간 때문이 아니라는 주장을 한 것도 이와 비슷합니다.

지구온난화로 인한 기후변화를 부정하는 사람들이 주장하는 논리를 살펴보겠습니다. 첫째, 이들은 지구의 온도가 상승하지 않는다고 주장합니다. 그러나 실제 관측치는 지속해서 지구의 기온이 상승하고 있음이 증명되고 있습니다. 둘째, 부정론자들은 지구 기온 상승은 자연스러운 것이라고 주장하면서 과거에도 따뜻한 기후가 존재했다고 말합니다. 그런데 과거의 온난기는 지질학적 변화 과정의 결과였지만 지금은 인류에 의한 급속한 온난화라는 차이가 있습니다. 셋째, 이들은 지구온난화가 오히려 지구에 더 좋다고도 말합니다. 이산화탄소 농도가 증가하고 재배 가능 기간이 늘어나면 식량 생산이 늘어난다는 거지요. 그러나 이것은 정반대의 주장으로 많은 과학자의 연구에 따르면 온도가 조금만 상승해도 식량 생산성이 곤두박질친다고 합니다. 넷째, 이들의 속내는 무엇이든 행동하려면 너무 비싼 값을 치러야 한다는 겁니다. 이들은 행동에 나서지 않는 것이 가장 저렴한 기후변화 대책이라고 주장합니다. 그러나 이들이 간과한 것은 기후변화는 이미 식량, 물, 폭염, 인류의 건강 등만 아니라 다양한 경제·사회 문제를 악화시키고 있다는 사실입니다.

기후학자 마이클 만(Michael E. Mann)은 "지구는 우리의 집이다. 지구온난화란 그 집에 불이 났다는 것이다. 그러나 의심할 여지없는 증거가 발견되고 경보음이 누차 울렸는데도 기후변화 관련 정책은 미비한 상태. 무지한 까닭이나 반신반의하는 태도 탓도 있지만 그릇된 정보를 고의로 퍼뜨리는 세력 탓이 크다"라고 반기후론자들을 비판했습니다.

반기후론자로 인한
심각한 기후변화

마이클 만[12] 등은 기후변화의 심각성에 압도적 다수의 지구촌 과학자들이 의견 일치를 보고 있음에도 불구하고 지구온난화를 부정하는 세력이 있다고 말합니다. 그중 대표적인 인물이 미국의 트럼프 전 대통령입니다.

트럼프는 자신을 '미국만을 위한 대통령'이라고 말합니다. 그는 실제로 대통령으로 재직하던 시절 철저히 세계의 공익을 외면하고, 가난한 나라의 형편을 부정하며, 자국의 경제적 부만을 위해 행동했습니다.

미국의 보수적인 블로거 짐 게라티(Jim Geraghty)는 "기후변화가 여러 가지 측면에서 미국 경제에 도움이 될 것이며, 미국의 지정학적 패권을 감소시키는 것이 아니라 오히려 강화할 것이다. 기후변화가 개발도상국들에 극심한 피해를 줄 것이고 가난한 나라들이 고통을 더 받게 될 것이지만 미국은 오히려 새로운 전성기를 맞이하는 핵심 요인이 될 것이다"라고 말했습니다. 남의 나라의 고통이 미국의 행복이 된다는 극히 이기적인 생각이지요. 그런데 놀랍게도 트럼프 대통령은 이들의 이론을 지지한다는 선거운동을 펼쳤고, 대통령에 취임해서도 실제로 이런 정책을 펴나갔습니다.

미국 대통령에 당선된 트럼프 대통령은 2017년에 "파리기후변화협약은 미국에 불이익을 가져다준다"라고 선언하면서 파리협약을

탈퇴했습니다. 파리협약은 2015년 12월 프랑스 파리에 모인 195개국 대표들이 지구 평균기온이 산업혁명 전보다 섭씨 2도 이상 오르지 않도록 온실가스 배출량을 줄이는 내용을 담은 협약입니다. 그런데 트럼프는 세계 2위 탄소 배출국 대통령으로서 자국의 굴뚝 산업 이익을 지킨다는 명분으로 전 세계적인 합의를 내팽개친 것입니다.

세계기상기구(WMO)는 미국의 협약 탈퇴로 인해 이번 세기 안에 지구 평균기온이 0.3℃ 오를 것으로 전망했는데, 이 정도는 정말 엄청난 기온 상승입니다. 그래서 기후학자들은 2024년 미국 대통령 선거에서 트럼프가 다시 미국 대통령이 되는 것은 아닐까 걱정하고 있습니다.

 반기성 센터장의 꿀팁

미국의 전 대통령이었던 트럼프는 기후변화를 믿지 않고 자연적인 현상이라고 주장합니다. 트럼프 대통령이 속한 공화당을 지지하는 세력은 보수주의자, 백인, 남성 그리고 평균 소득이 높은 사람들인데, 이들을 대변하는 정치를 하기 위해 기후변화를 부정하는 겁니다.

온실가스가 늘어나면 지구온난화 현상이 만들어지면서 기온이 상승하게 됩니다. 기온이 상승하면 인류가 이전에 겪지 못했던 폭염 현상이 자주, 그리고 더 강하게 나타납니다. 또한 기온이 오르면 대기 중의 수증기량이 늘어나기 때문에 홍수가 더 자주 발생합니다. 기온 상승은 바다 온도도 높이고, 태풍은 더 많은 에너지를 공급받아 슈퍼태풍으로 발달하게 됩니다.

2

기후변화가
폭염, 대홍수,
슈퍼태풍을 만듭니다

질문 TOP 08

50℃가 넘는 엄청난 폭염은 왜 발생하나요?

▶ **저자 직강 동영상 강의로 이해 쑥쑥**

QR코드를 스캔하셔서 동영상 강의를 보시고
이 칼럼을 읽으시면 훨씬 이해가 잘됩니다!

세계기상기구는 2024년 3월에 '기후변화 지표는 2023년에 기록적이었다'는 보고서를 발표했습니다.[1] 보고서는 2023년이 지구 평균 지표면 온도가 산업화 이전보다 1.45℃ 높아 기록상 가장 따뜻한 해였다고 밝혔습니다. 셀레스트 사울로(Celeste Saulo) 세계기상기구 사무총장은 "비록 현재로서는 일시적이기는 하지만 기후변화에 관한 파리 협정의 1.5℃ 하한선에 이렇게 근접한 적이 없었다. 세계기상기구 커뮤니티는 전 세계에 적색 경보를 울리고 있다. 기후변화는 기온 그 이상으로 심각하다"고 경고했습니다. 지구평균기온이 역대 최고를 기록한 달은 2023년 4월부터 2024년 3월까지 이어지고 있는데, 이 기간 동안의 지구평균기온은 산업화 이전보다 1.58℃나 오르면서 최악을 기록했습니다.

🌡️ 인도와 유럽에
2023년 발생한 이상폭염

2023년 폭염이 가장 일찍 시작된 나라는 인도입니다. 겨울철인 2월부터 이상폭염이 발생하면서 인도 기상관측 사상 122년 만에 가장 더운 2월이었습니다. 4월에는 프라야그라지 지역이 44.6℃를 기록했고, 43℃를 기록한 북부 우타르 프라데시주에서는 54명이, 44.7℃를 기록한 동부 비하르주에서는 42명이 사망하기도 했습니다.

6월에 접어들면서 포르투갈, 북아프리카의 알제리와 모로코 등 4개국 기온이 36.9~41℃에 이르면서 역대 최고의 폭염이 발생했습니다. 6월 26일 스페인 남서부 안달루시아 지역은 최고기온이 44℃를 기록했고, 스페인의 수도인 마드리드와 남서부 지역 기온은 40℃

기온이 점점 오르고 있는 지구

이상 올라간 가운데 남부도시인 세비야 등은 44℃에 이르는 폭염이 발생했습니다. 7월에는 폭염이 남유럽을 강타했습니다.

7월 18일 이탈리아의 로마는 43℃까지 올랐고 사르데냐섬 기온은 46℃를 넘어서자 이탈리아 보건부는 로마·피렌체 등 23개 도시에 폭염 경보를 발령했습니다. 발칸반도의 북마케도니아와 코소보에서도 기온이 43℃까지 오르면서 폭염 경보가 발령되었습니다.

 ## 미국과 중국도
2023년에 역대 최고 폭염

미국에서는 2023년 6월 15일경부터 시작된 폭염으로 텍사스 브라운스빌과 코퍼스크리스티의 경우 49℃를 기록하면서 텍사스 전역에 폭염 특보가 발령되었습니다. 7월 들어 폭염 지역은 남부만 아니라 서부지역으로까지 확대되었습니다. 애리조나주 피닉스는 역대 최장 기간 초열대야를 기록했는데, 최저 기온이 8일째 32℃ 밑으로 떨어지지 않는 초열대야가 발생했습니다. 낮 최고기온도 43℃를 넘는 날이 보름 넘게 이어졌지요. 미국의 데스밸리는 54℃까지 기온이 올라갔습니다.[2]

중국은 6월부터 심각한 정도의 폭염이 발생했습니다. 수도 베이징에서는 6월 22일 41.1℃까지 치솟아 6월 기온으로는 역대 가장 뜨거웠으며, 톈진도 23일 최고기온 40℃를 넘었고, 허베이성의 많은 도시가 41~42℃를 기록했습니다. 이처럼 중국 북부지방에 이상폭염이 발생한 가장 큰 원인은 1.5km 상공의 기온이 매우 높았기 때문입니다. 당시 서울 상공기온이 16℃였는데, 중국 북부 상공기온은 33℃로 무려 17℃ 이상 높은 상층 고온 현상이 발생한 것이지요.

중국의 폭염은 7월까지 이어지면서 베이징, 텐진, 허베이성, 산둥성 등 북방 지역을 중심으로 35℃ 이상의 고온일수가 사상 최대치를 기록했습니다. 중국기상국은 신장과 네이멍구 서부지역의 기온이 최고 41~42℃까지 올랐다고 발표했습니다. 참고로 우리나라 서울이 가장 더웠을 때가 2018년 8월 1일로 39.6℃이었으니까 2023년 전 세계에서 발생한 폭염이 얼마나 심했는지 알 수 있습니다.

🌡️ 산업혁명 이후
가장 더운 해였던 2023년

2023년은 산업혁명 이후 가장 더운 해였습니다. 6월부터 12월까지 역대 최고기온 기록을 경신했습니다.

2024년 1월 9일에 유럽연합(EU)의 코페르니쿠스 기후변화서비스(C3S)는 2023년이 1850년 이후 가장 더운 해였다고 발표했습니다. 지구 평균기온은 14.98℃로, 이는 지금까지 가장 더웠던 지난 2016년의 연평균 최고치보다 0.17℃ 높은 수치입니다.[3] 이 기온은 파리기후협정에서 기온 상승을 제한하기로 했던 1.5℃에 아주 근접했음을

보여줍니다. 또한 미국 국립해양대기청도 2023년이 역대 가장 더운 해였다고 발표했습니다.[4]

이렇게 2023년에 최악의 폭염이 발생한 원인은 무엇일까요? 지속적인 지구온난화에 더해 엘니뇨가 발생해 뜨거운 열을 바다에서 대기로 보낸 영향이 컸습니다.

 반기성 센터장의 꿀팁

기후변화가 가져오는 현상 중 가장 심각한 것이 폭염입니다. 2023년은 지구온난화 효과에다가 엘니뇨 효과가 더해지면서 전 지구적으로 기온이 급등했습니다. 유럽의 많은 지역이 40℃를 넘었고, 미국의 데스밸리는 54℃까지 기온이 올라갔습니다.

폭염은 왜 이렇게 자주, 그리고 강하게 발생하나요?

"지구온난화(Global Warming) 시대가 끝나고 지구가 끓는 지구열대화(Global Boiling)의 시대가 왔다." 안토니우 구테흐스 유엔사무총장이 2023년 7월에 한 말입니다. 그는 2023년 7월에 유럽의 지중해 지역에서 폭염과 가뭄, 그리고 대형 산불로 많은 사람이 목숨을 잃고 극심한 재산피해가 발생하는 처참한 현장을 보았지요. 그는 재난의 현장에서 이젠 '지구온난화'라는 온건한 용어를 사용해서는 안 된다면서 '지구가열화'라는 표현을 사용했습니다. 지구가 뜨거워지는 것이 아니라 끓고 있을 정도로 엄청난 폭염이 발생하고 있다는 겁니다.

폭염(暴炎)은 열파(熱波, heat wave)라고도 하는데, 이는 단순한 더위가 아닌 매우 심한 더위, 맹렬한 더위를 말합니다. 그럼 왜 이렇게 폭염이 자주, 그리고 강하게 발생할까요?

우리나라에서 폭염이 발생한
원인은 무엇인가요?

우리나라 여름철 폭염이 가장 강했던 해는 2018년입니다. 2018년은 기상관측 사상 111년 만에 닥친 폭염이었습니다. 서울은 39.6℃까지 기온이 올라갔고, 최고기온이 33℃가 넘는 전국 평균 폭염일수는 31.3일을 기록하면서 역대 최고를 기록했습니다.

이명인 울산과학기술원 교수는 "티베트 고기압과 북서 태평양 고기압이 빠르게 발달했고, 장마가 일찍 끝나면서 예년보다 일찍 햇빛이 강한 여름이 시작되었으며, 열대 대류가 강화되면서 상층에 정체 파동이 오랜 기간 지속한 것이 한반도 역대급 폭염의 한 원인이다"라고 분석했습니다.[5] 그러면서 상층에 정체 파동이 오랜 기간 지속한 것은 중위도 제트기류의 약화 때문이라고 말했습니다. 아울러 서울 등 대도시 지역의 기온이 크게 올라간 것은 도시 열섬현상의 영향도 있었다고 주장했습니다. 참고로 도시 열섬 현상은 시 지역 기온이 주변 교외 지역에 비해 높게 나타나는 현상을 말합니다.

2023년 여름에도 폭염이 발생했습니다. 한양대의 예상욱 교수는 2023년의 폭염 원인을 "첫째로 북대서양의 수온이 비정상적으로 높았고, 둘째로 티베트 고기압이 강하게 발달하면서 상층으로 뜨거운 공기를 한반도로 유입시켰으며, 셋째로 엘니뇨의 영향으로 한반도 상공에 고기압이 형성되면서 한반도에 수증기공급량이 늘어났기 때문이다"라고 말합니다.[6]

미국에서 기록적인 폭염이 발생한 원인은 무엇인가요?

2021년 6월 말 미국 북서부 지역과 캐나다 서남부 지역에 극한의 폭염이 발생했습니다. 당시 844명의 인명 피해, 1,800명의 온열질환자, 엄청난 경제적 피해가 발생했지요.

이 지역은 서안해양성기후에 속해서 비가 자주 내리고 기온이 크게 오르지 않는 지역입니다. 그런데 미국 국립기상청은 6월 24일 시애틀이 41.7℃, 6월 30일에 오리건주 포틀랜드 기온이 47.8℃, 29일에 캐나다의 브리티시컬럼비아주 리튼이 49.6℃를 기록하면서 세

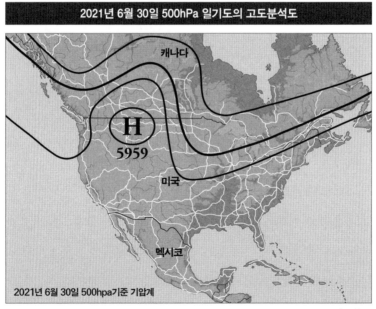

2021년 6월 30일 500hPa 일기도의 고도분석도

2021년 6월 30일 500hpa기준 기압계

출처: 케이웨더

지역 모두 최고기온을 갈아치웠다고 발표했습니다.

당시 미국의 폭염은 평년기온보다 20~30℃ 정도 높은 기록적인 폭염이었습니다. 폭염의 원인을 분석한 자료를 보면 지구온난화가 가장 큰 역할을 했고, 직접적인 원인은 열돔(Heat Dome) 현상이었습니다. 참고로 열돔 현상은 고기압이 정체하면서 뜨거운 공기를 가두는 현상입니다.

앞의 그림은 5km 상공의 등고선 그림을 미국 북서부 중심으로 그린 것인데, 그림처럼 미국 북서부에서 캐나다까지 고위도에 상층 분리 고기압이 있습니다. 이런 기압배치는 제트기류가 약해졌을 때 대류권에 발달한 고기압이 정체해 지붕 같은 역할을 하며 지열에 데워진 공기가 움직이지 못하는 현상입니다. 특히 고기압이 발달한 지역에서는 하강기류가 발생해 지상의 공기를 누르며 '단열압축'하므로 기온이 크게 상승하게 됩니다. 미국 국립해양대기청 관계자는 이런 열돔의 강도는 수천 년에 한 번 정도 발생할 확률이었다고 말했습니다.

 ## 인간에 의한 지구온난화가 폭염의 원인입니다

2019년 포항공과대학교 환경공학부 민승기 교수 등 국제공동연구팀은 2018년 한국 이상폭염의 원인을 연구했습니다. 이들은 인간 활동이 한반도의 폭염 지속 기간에 영향을 미친다는 사실을 처음 규명했습니다.[7] 연구진은 인간이 배출한 온실가스가 증가했기 때문에 2018년처럼 강하고, 장기간 지속하는 폭염의 발생 가능성이 4배 이상 높아졌다고 분석했습니다.

일반적으로 온실가스 증가로 폭염이 강해지고 빈번해진다는 사실은 밝혀졌지만, 폭염의 지속기간과 기후변화 사이의 연결고리에 대한 과학적 분석은 많지 않았습니다. 연구진은 기후변화가 한반도의 폭염 지속기간에 미치는 영향을 파악하기 위해 컴퓨터 시뮬레이션을 통한 고해상도 기후 모델실험을 수행했습니다. 온실가스를 발생시키는 인간 활동의 영향이 포함된 실험과 인간 활동이 배제된 실험을 각각 수천 번씩 반복해 비교했다고 합니다.

그 결과 2018년 여름처럼 장기간 지속하는 폭염은 인위적인 기후변화 영향으로 발생 확률이 4배 이상 증가했습니다. 대량의 화석 연료를 사용하는 산업체와 발전소, 자동차나 비행기 등 운송수단 등에서 발생한 온실가스의 영향이 포함된 실험의 경우 그렇지 않은 실험보다 장기간 폭염의 발생 가능성이 훨씬 컸다는 겁니다.

 반기성 센터장의 꿀팁

> 폭염이 생기는 가장 큰 원인은 바로 지구온난화입니다. 지역적인 이례적인 폭염은 제트기류가 사행하면서 상층 분리고기압을 만들기 때문인데, 이로 인해 공기가 돔 안에 갇혀 기온이 크게 오르는 열돔현상이 발생하게 됩니다.

질문
TOP
10

폭염은 우리가 생활하는 데
어떤 영향을 주나요?

"무더운 여름날, 몇 동 안 되는 변두리의 5층짜리 서민 아파트. 40℃에 육박하는 100년 만의 살인적인 더위, 습한 날씨에 두 달이 넘도록 지속되는 가뭄, 이에 따른 최악의 불쾌지수로 더위에 지친 주민들은 에어컨·냉장고 등 가전제품을 온전히 가동하면서 변압기가 터져버린다. 찜통 같은 더위에 아파트 광장으로 쏟아져 나온 사람들의 신경은 바짝 서 있다. 조그만 사건으로 동네 전체의 남자와 여자들이 패싸움을 벌인다."

1995년 개봉된 영화 〈개 같은 날의 오후〉의 내용입니다. 폭염이 사람을 짐승처럼 만드는 모습을 잘 보여준 영화였지요.

폭염으로 인한
예상치 못한 결과는 무엇인가요?

미국 국립해양대기청은 '극단적인 열로 인한 5가지 예상치 못한 결과'[8]를 2023년 9월에 발표했습니다.

첫째, 전력망 기반시설의 무력화입니다. 지난 몇 년간의 폭염으로 인해 전력망의 기반시설이 무력해졌습니다. 극단적인 폭염은 전기 그리드(grid, 음극에서 양극으로 흐르는 전자빔을 제어하는 구실을 함)에 강력한 부하를 일으키고 고장의 가능성을 높입니다. 이로 인해 발생하는 정전은 매년 빈도가 증가하면서 폭염에 노출된 가난한 사람이나 어린이, 노인들에게 치명적인 해를 입힐 수 있습니다.

둘째, 식품 생산의 차질과 영양가 감소입니다. 폭염은 밀 등의 농작물의 수확량을 줄일 뿐만 아니라 작물의 영양가를 감소시킵니다. 또한 폭염은 소 등의 임신에 영향을 주거나 질병을 일으키고, 달걀이나 우유 생산을 줄입니다.

셋째, 어린이 교육의 차질입니다. 연구결과에 따르면 최대 41%의 학교가 적절한 냉방 또는 환기 시스템을 갖추고 있지 않음으로 인해 조기 등교 취소 및 휴교가 발생했습니다. 이런 어린이들의 조기 등교나 휴교가 학부모들의 육아에 어려움을 주고 있고, 어린이들의 건강도 해치고 있습니다.

넷째, 작업자의 건강과 안전이 취약해집니다. 폭염이 더 자주 더 강하게 발생할수록 노동자들은 폭염과 관련된 부상의 위험에 처하게 됩니다. 그에 따라 작업이 중지되면서 생산성의 손실을 가져오고, 그로 인한 비용 증가는 소비자의 몫이 됩니다. 이러한 손실은 폭염으로 인한 피해만 연 최대 3,110억 달러에 달한다고 합니다.

다섯째, 범죄의 증가입니다. 더운 날에 범죄가 증가한다는 것은 많은 연구 결과가 보여줍니다. 폭염이 계속될수록 사람들이 더 폭력적으로 변한다고 합니다. 특히 가장 가난한 지역에 사는 사람들의 범죄 증가에 더 많은 영향을 준다고 합니다.

폭염에 가장 위험한 사람은 누구인가요?

미국의 세계변화연구프로그램(U.S. Global Change Reserch Program)은 '폭염에 가장 위험한 사람이 누구인가요?'라는 글을 홈페이지에 올린 적이 있습니다.[9] 이 글의 내용을 한번 살펴봅시다.

이 글에 따르면 폭염에 가장 취약한 사람은 첫째, 어린이들입니다. 어린이들은 어른들에게 의지하기 때문에 폭염으로부터 자신을 보호하기 어렵습니다. 어린이들은 성인들보다 체온조절 능력이 떨어지며, 또한 성인들보다 심혈관 산출량이 적고 신진대사율이 높아서 취약성이 증가하지요.

둘째, 운동선수들입니다. 운동선수들은 야외에서 운동하면서 폭염에 노출될 가능성이 커집니다. 그런데도 선수들에게 제공되는 물

폭염으로 쓰러진 일꾼

이나 냉방시설은 매우 미흡하다고 합니다.

셋째, 고령자들입니다. 노인들은 심혈관 문제 등을 가지고 있는 경우가 많아 폭염이 발생하면 건강이 악화될 수 있습니다. 폭염이 노인들의 치매에 영향을 미친다는 연구도 있습니다. 특히 노인들은 다른 연령대보다 사회적으로 고립될 가능성이 커 폭염이 발생하면 질병과 사망률이 높아집니다.

넷째, 임산부입니다. 폭염은 임산부들의 체온을 상승시킬 뿐만 아니라 과도한 땀과 발진을 증가시킵니다. 그리고 폭염은 임산부와 태아의 건강을 위협합니다. 폭염이 조산, 저체중아 출산, 태아 사망, 그리고 유아 사망률을 증가시킬 수 있다는 연구들이 많이 있습니다.

다섯째, 응급 구조사입니다. 경찰관, 소방관, 구급대원 등 사람들을 구조하는 사람들은 폭염의 위험에 처하게 되는데, 약한 사람들을 구조하다 폭염에 노출될 가능성이 누구보다 크기 때문입니다.

여섯째, 일반 노동자입니다. 농업, 건설 등 야외에서 일하는 사람들은 누구보다 폭염에 노출되면서 건강이 나빠질 수 있습니다. 특히 도시 노동자들은 도시 열섬효과로 인해 농촌보다 심한 폭염에 노출됩니다. 군인들도 야외노동자에 속하는데 육군이나 해군, 공군들의 부대에서는 폭염에 대비해 훈련이나 작전을 적절하게 해야 할 필요가 있습니다. 그리고 최근 실내노동자들도 적절한 냉방시설 건물이 아닌 폭염에 노출되는 실내에서 작업하면서 온열 질환에 걸리는 경우가 늘어나고 있다고 합니다.

홍수나 태풍, 가뭄만 재난이 아니라 폭염도 재난입니다. 따라서 폭염 기간 동안 정부와 지자체, 사업주 등 모두가 심각한 재난을 피할 수 있도록 조치해야 합니다. 국민 개개인도 스스로 폭염 피해자가 되지 않도록 주의해야 하겠지요.

반기성 센터장의 꿀팁

폭염이 발생하면 전기를 많이 사용하면서 전력망에 부하가 일어나 정전이 발생합니다. 식품생산이 줄어들고, 영양가도 줄어들게 됩니다. 더위에 약한 어린이들에게 피해가 더 크고, 밖에서 일하는 노동자들이 부상을 당하거나 건강을 해칠 수 있습니다. 또한 폭력범죄가 늘어난다는 연구도 있습니다.

홍수가 더 강력해지는 것도
기후변화 때문인가요?

어학 사전에서는 홍수(flood)를 '비가 많이 와서 강이나 개천에 갑자기 크게 불어난 물'이라고 정의합니다. 산과 가파른 언덕은 비가 내리면 바로 하천으로 흘러내려 강의 수위가 급격히 상승하게 됩니다. 특히 암석과 얕은 점토질 토양은 물이 땅으로 잘 스며들지 않고, 비로 적셔진 토양은 그 위에 비가 내리면 내린 비는 그대로 강으로 흘러가 급격한 돌발 홍수를 만들어냅니다. 사막에서는 건조한 토양에서도 홍수가 발생하곤 합니다.

2022년에 파키스탄에서 최악의 홍수가 발생했습니다. 무려 넉 달 이상 비가 내리면서 1,500명 이상이 사망했고, 국토의 3분의 1 이상이 물에 잠겼습니다. 이로 인해 1,600만 명의 어린이들이 피해를 보았으며, 이 중 340만 명 이상은 긴급한 구조 지원이 필요한 상태였습니다. 170만 채 이상의 주택이 파괴되었고, 3,300만 명의 이재민이 발생했습니다. 파키스탄 가정의 중요한 생계 자원인 72만 마리 이상의 가축이 폐사했으며, 서울 면적 12배 정도 넓이의 농작물과 과수원이 피해를 보았습니다.

홍수 현장을 방문한 안토니우 구테흐스 유엔사무총장은 "이 정도로 심각한 기후 참사는 본 적이 없다"라고 탄식했습니다. 이처럼 기후변화로 홍수가 더 강력해지면서 피해는 늘어나고 있습니다.

천 년에 한 번 발생할 엄청난 폭우가 내린 2023년 7월

우리나라의 경우 2023년 7월 13일부터 16일 17시까지 장마전선에서 강력한 홍수가 발생했습니다. 이때 내린 강수량을 보면 충남 청양이 570mm, 공주가 511mm, 충북 청주가 474mm, 전북 익산이 500mm, 전북 군산이 480mm, 경북 문경이 485mm의 강수량을 보였습니다.

당시 비가 강하게 내린 하루 반나절 동안 청양은 7월 한 달 강수량의 약 2배의 비가 쏟아졌고, 충청, 전북, 경북 북부지방의 많은 지역이 7월 강수량의 1.5배 이상의 폭우가 쏟아졌습니다. 이로 인해 청주 오송 지하차도 참사와 예천 산사태 등 엄청난 피해가 줄을 이으면서 사망자와 실종자가 50명을 넘었습니다.

일본도 장마전선의 영향으로 2023년 7월 9일부터 7월 10일 아침 사이에 규슈와 주고쿠 지방에 호우가 내렸습니다. 소에다 568mm, 사가시 475.5mm, 오이타현 히타시 375.5mm, 야마구치현 시모노세키 323mm의 엄청난 폭우가 쏟아졌습니다. 일본 기상청 관계자인 사토시 스기모토 씨는 규슈지역에서 일 강수량 기록으로 역사상 가장 많은 비라고 밝혔습니다. 당시 도시에서 발생한 산사태로 주택 7채가 파묻히면서 21명이 매몰되었는데, 다행히 14명은 구조되었지만 7명은 사망했습니다.

중국도 장마전선으로 홍수가 발생했습니다. 2023년 7월 3일에서 4일 사이에 중국 충칭에서 심각한 폭우로 최소 15명이 숨지고 4명이 실종되었습니다.

충칭에 이웃한 쓰촨성도 46만 명 이상의 주민들이 폭우로 피해를

홍수로 망가진 마을

보았으며, 8만 5천 명 이상의 이재민이 발생했습니다. 그리고 다시 7월 10일에서 11일 쓰촨성에 내린 호우로 홍수와 산사태가 발생해 4만 명 이상의 이재민이 발생했습니다. 광둥성의 샤타이 마을에는 하루 만에 439mm의 폭우가 쏟아졌습니다.

미국의 동부 지역에서도 천 년에 한 번 발생할 엄청난 폭우가 내렸습니다. 뉴욕주 등 미국 북동부 지역에 2023년 7월 9일부터 10일 사이에 강력한 호우가 발생했습니다. 뉴욕 웨스트포인트의 강우량은 하루 250mm 이상이었습니다. 가장 많은 비가 내린 지역은 300mm 이상까지 내렸습니다.

미국 국립해양대기청에 의하면 이 정도 강우빈도는 천 년에 한 번 정도 내릴 양이라고 합니다. 호우로 인한 경제적 피해가 무려 6조 5천억 원이 될 것으로 '아큐웨더'는 추산했습니다.

 홍수의 강도와 빈도가 늘어나고 있기에 심각한 상황입니다

홍수는 옛날부터 발생했지만, 최근 홍수의 증가는 기후변화가 원인입니다. "우리가 현재 목격하고 있는 폭우 사건과 같이 홍수의 강도가 심화되는 것은 온실가스 배출로 인한 온난화 기후의 예상된 결과다"라고 영국 레딩대학교 기후과학 교수 리처드 앨런(Richard Allen)은 말합니다.[10] 대기 중 기온이 1℃ 상승할 때마다 대기 중 수증기량은 7%가 증가하기 때문에 홍수가 발생하는 것입니다.

세계기상기구의 스테판 울랜브룩(Stefan Uhlenbrook)도 "우리는 점점 더 자주 더 심한 강우 현상을 보게 될 것이며, 이 같은 홍수는 더 심각한 상황으로 이어질 것이다"라고 말했습니다.[11] 특히 2023년에는 엘니뇨로 인해 지구 평균기온이 상승하고 있어서 폭우는 더 강력해졌습니다.

홍수가 발생할 때 피해를 줄이는 방법은 기상청 예보를 신뢰하고 예보에 맞게 대응하는 것입니다. 서강대학교 이덕환 명예교수는 "무엇보다 중요한 것은 재난 예보에 대한 신뢰다. 예보를 믿지 않으면 방재는 불가능하다. 현대적 방재 노력의 핵심인 일기예보를 주말 나들이를 위한 서비스로 착각해서는 절대 안 된다"라고 말했습니다. 재난 예보는 설령 틀리더라도 믿고 행동해야만 피해를 줄일 수 있다는 것을 알았으면 합니다.

 반기성 센터장의 꿀팁

기후변화로 인해 매년 홍수의 강도는 더 커지고 있습니다. 2023년에도 미국, 중국, 한국, 유럽 등 많은 나라에서 대홍수가 발생해 큰 피해가 발생했습니다. 홍수가 더 강해지는 원인은 대기기온이 1℃ 상승할 때마다 대기 중의 수증기량은 7%가 증가하기 때문입니다.

'하늘 위의 강'이라는 건
어떤 기후변화인가요?

성경에는 "하늘 위에도 땅 위처럼 물이 있다"는 구절이 있습니다. 성서과학자들은 창세기 1장 6절에서 8절에 나오는 "하나님이 이르시되 물 가운데에 궁창이 있어 물과 물로 나뉘라 하시고, 하나님이 궁창을 만드사 궁창 아래의 물과 궁창 위의 물로 나뉘게 하시니 그대로 되니라. 하나님이 궁창을 하늘이라 부르시니라"는 말을 해석하면서 땅 위에도 강이 있지만, 하늘 위에도 땅에 못지않은 강이 흐르고 있다고 해석합니다. 실제 하늘에도 거대한 강이 흐르고 있다는 사실을 매사추세츠 공과대학교의 연구원인 리처드 뉴웰(Richard Newell) 등이 발견했으며, 이를 대기천(Atmosperic River), 즉 '하늘의 강'이라고 명명했습니다.[12]

우리가 상상하기 어려울 정도의
엄청난 수증기

학자들은 '하늘에 흐르는 강'이라고 말하지만, 실제 하늘에 강이 흐르는 것은 아닙니다. 우리가 상상하기 어려울 정도의 엄청난 수증기가 하늘 위에 흐르는 흐름이라고 보면 됩니다. 미국지질연구소는 2021년 12월 14일에 우리가 하늘의 강에 관해 알아야 할 사실을 발표했습니다.[13]

첫째, '하늘의 강'은 수증기를 열대 지방에서 극지방으로 운반한다는 겁니다. 하늘의 강은 대기의 가장 낮은 부분인 땅으로부터 2,500피트에서 5,000피트 높이에서 흐르는데, 하늘의 강이 해안에 도달해 산 위로 상승하게 되면 급격한 응결 현상으로 많은 비를 내리게 됩니다.

둘째, 하늘의 강은 지구상에서 가장 큰 담수(염분의 함유량이 적은 보통의 물)의 강입니다. 하늘의 강이 가진 수증기는 미시시피강의 하루 평균 배출량의 7~15배에 해당하는 속도로 흐릅니다. 그것들의 길이는 수백 마일에서 수천 마일이 될 수 있습니다. 하늘의 강은 지상의 강들처럼 한 곳에서 일정하게 흐르는 것이 아니라 그때의 기후상태에 따라 항상 지구 어딘가에서 흐르고 있습니다. 극지방으로 이동하는 수증기의 90%가 지구 전체에 분포된 약 4~5개의 하늘의 강에 집중되어 있습니다.

하늘 위의 강이
호우를 일으키나요?

미국 해양대기청은 하늘의 강이 미국 서부지역에 대홍수를 초래하는 과정을 설명합니다. 적도 해양 쪽에서 길고 폭이 좁은 하늘의 강이 육지 쪽으로 이류해오고, 이류해온 하늘의 강이 육지에 상륙하면 미국 서부 지역은 매우 높은 로키산맥을 만나 상승합니다. 하늘의 강의 높은 수증기는 지형적인 영향으로 응결이 더 강하게 발생하면서 미국 서부 지역에 대홍수를 일으킵니다. 2~3일 동안 한 달 강수량 이상의 비가 내리면서 피해가 급격히 늘어나게 됩니다.

온화한 하늘의 강은 육지의 물 공급에 도움을 줍니다. 하지만 크

홍수로 떠내려가는 건물들

고 강한 하늘의 강은 폭풍과 대홍수, 산사태를 가져오면서 수억 달러 이상의 피해를 주게 됩니다.

 ## 강력한 하늘의 강이 가져온
대홍수 사례들

2021년 10월에 발생한 미국 서부 지역의 대홍수 원인은 강력한 하늘의 강 때문이었습니다. 2021년 여름 기록적인 폭염과 가뭄, 대형 산불로 몸살을 앓았던 미국 서부 캘리포니아 지역에 140년 만에 최고 강수량을 기록한 폭우가 내렸습니다. 캘리포니아의 산악지대에서는 280mm, 워싱턴주 킬라유트 공항에서는 706mm의 강수량을 기록했습니다.

또한 2022년 12월 말부터 2023년 1월 중순까지 미국 캘리포니아에 엄청난 폭우가 쏟아졌습니다. 당시 호우로 18명이 사망하고 범람과 침수, 산사태 등으로 엄청난 피해가 발생했습니다. 당시 몇 차례에 걸쳐 하늘의 강이 넘쳤는데, 평년보다 6배 이상 많은 비가 내렸습니다. 서부 해안 지역으로는 750mm 이상의 비가 내렸고, 산맥에는 60cm 이상의 폭설이 내렸습니다. 미국 국립기상청은 호우의 원인을 하늘의 강 때문이라고 발표했습니다.

미국 국립빙설자료센터(NNIDC)는 2023년 12월 5일 리포트에서 북극의 해빙 성장이 멈추었다고 발표했습니다.[14] 기온이 낮아지면 북극 바다에 떠 있는 해빙이 성장하기 시작합니다. 그런데 2023년은 11월 22일부터 일련의 폭풍이 하늘의 강을 북극으로 유도해 따뜻하고 습한 공기를 운반하면서 얼음 성장이 5일 동안 거의 완전히 멈추었다고 합니다.

우리나라에서도 2020년 여름에 극심한 장마가 발생했습니다. 공주대학교 장은철 교수는 "지구온난화로 열대, 아열대 지역에서 수증기량이 증가하고, 수증기가 하늘의 강을 통해 이동하며 한반도에 영향을 끼쳤다"라고 주장했습니다. 2022년 여름 호우의 영향도 하늘의 강 때문이라고 합니다. 이는 기상청의 문혜진 등이 2023년 4월에 '대기의 강이 남한의 강수 특성에 미치는 영향'이라는 논문에서 주장했습니다.[15]

지난 37년간 내린 폭우 가운데 50% 이상이 하늘의 강 영향을 받았으며, 2022년 7월의 경우 그 비중이 72%에 달했다고 합니다. 앞으로 기후변화가 심해질수록 더욱 강력한 하늘의 강이 만들어질 가능성이 커질 텐데 참으로 걱정입니다.

 반기성 센터장의 꿀팁

우리 눈에는 보이지 않지만 하늘 위에는 엄청난 수증기가 흐르고 있는데, 이것을 '하늘의 강'이라고 부릅니다. 전 세계의 홍수가 하늘의 강 영향을 많이 받습니다. 우리나라도 연구에 의하면 지난 37년간 내린 폭우 가운데 50% 이상이 하늘의 강 때문이었고, 2022년 7월에는 그 비중이 72%까지 달했다고 합니다.

질문
TOP
13

태풍은 어떤 피해를
얼마만큼 가져오나요?

세계적인 재보험사인 뮌헨 리(Munich Re)가 2022년 발생한 기후재난
의 경제적 피해를 계산해 발표했습니다.[16] 1위는 미국을 강타한 슈
퍼허리케인 이안(IAN)으로 1천억 달러의 피해가 발생했습니다. 두
번째가 미국의 토네이도와 뇌우로 피해액은 230억 달러입니다. 세
번째가 파키스탄 대홍수로 150억 달러였고, 네 번째가 일본 지진으
로 88억 달러, 다섯 번째가 호주의 대홍수로 81억 달러였습니다. 태
풍의 피해가 나머지 네 개의 기후재난 피해액을 더한 것보다 거의 2
배 정도 컸습니다. 그만큼 태풍이 가지고 오는 경제적 피해는 어떤
기후재난보다 큽니다.

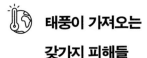

태풍이 가져오는
갖가지 피해들

태풍이 가져오는 첫 번째 피해는 강한 바람입니다. 한국 태풍의 평균 기준인 초속 17m를 넘게 되면 건물 간판이 추락하고, 중급 태풍인 초속 25m가 넘으면 지붕이나 기왓장이 뜯겨나갑니다. 그리고 강한 태풍에 속하는 초속 40m를 넘으면 사람이 날아가고, 초강력 태풍에 속하는 초속 60m를 넘으면 철탑이 휘어집니다.

그리고 태풍으로 시작되는 강풍이 대도시를 통과할 때는 도심의 빌딩에 의해 바람이 증폭되는 빌딩풍이 불게 됩니다. 2020년 9월 태풍 '마이삭'이 통과하면서, 빌딩풍으로 부산 해운대의 국내 최고층인 101층 아파트 엘시티 주변과 마린시티 일대는 아수라장이 되었습니다. 엘시티와 시그니엘 부산 호텔의 일부 외벽 타일과 시설 구조물 등이 뜯겨나가고 수백 장의 유리창이 파손되기도 했습니다. 빌딩풍을 연구한 부산대학교 권순철 교수연구팀은 건물 일대 평균 풍속이 초속 40m일 때 엘시티 주변 특정 지점은 초속 60m의 강풍이 불었다고 밝혔습니다.[17]

태풍은 호우를 동반하는데, 짧은 시간에 강도가 매우 높은 호우를 쏟아붓기 때문에 산사태나 범람, 침수가 발생합니다. 2002년 8월 31일에 남해안으로 상륙한 태풍 '루사'는 강릉 870.5mm, 대관령 712.5mm의 어마어마한 폭우를 쏟아부었습니다. 이로 인해 강원도 동해안은 엄청난 피해를 보았습니다. 태풍 힌남노는 2022년 9월 6일

에 거제도 부근에 상륙해 부산을 거쳐 동해안으로 빠져나갔는데, 내
륙에 머문 시간은 겨우 2시간 20분밖에 되지 않았음에도 포항지역
에 하루 만에 342mm의 폭우가 내렸습니다. 힌남노로 인한 하천 범
람으로 포스코 포항제철소가 침수되었고, 아파트 주차장이 침수되어
주민 등 9명이 숨지고 3명이 다치는 비극이 발생했습니다.

태풍이 가져오는 피해 중에는 해일도 있습니다. 태풍은 기압이 낮
아서 해수면을 들어올립니다. 여기에 태풍의 강한 바람으로 인해 파
도가 높아지면서 해안가를 덮치는데, 2003년 태풍 '매미'가 가져온
해일로 부산과 경남 남해안이 큰 피해를 입었습니다. 해일로 인해
마산에서는 지하 노래방에 갇힌 사람들이 그대로 익사하는 등 10명
이 넘는 인명 피해가 발생했습니다. 당시 태풍에 의한 해일은 최대
439cm에 달해 예측치를 훨씬 뛰어넘었습니다.

피해 규모가 엄청났던
2023년 아시아의 태풍

2023년 제2호 태풍 마와르(MAWAR)는 5월 20일에 괌 남남동쪽 약 900km 부근 해상에서 발생했습니다. 이후 급속히 발달하면서 23일 밤에 슈퍼태풍으로 발달했습니다. 5월 25일에는 괌을 통과하면서 엄청난 피해를 주었습니다. 섬 주민 15만 명이 대피하고 통행을 금지한 덕분에 인명 피해는 거의 없었지만 섬 전역이 쑥대밭이 되어 정전, 단수, 항공편 결항 등 최악의 태풍피해가 발생했습니다. 당시 한국인 여행객 3,400명의 발이 묶이기도 했습니다. 5월 태풍으로는 이례적으로 슈퍼태풍까지 발달한 사례였습니다.

제5호 태풍 '독수리'의 피해도 매우 컸습니다. 독수리는 7월 21일에 발생해 매우 강하게 발달한 태풍으로, 필리핀 북단에 상륙 후 타이완 서해를 통과해 중국의 푸젠성으로 이동했습니다. 예상과 달리 그대로 북상해서 베이징 등 북부지방까지 큰 피해를 준 태풍입니다. 필리핀 사망자가 25명, 중국 사망자가 50명 이상으로 인명 피해도 컸습니다.

제6호 태풍 '카눈'은 한반도에 상륙해 그대로 관통해 북한까지 올라간 첫 번째 태풍입니다. 한때 최저기압 930hPa에 중심최대풍속 49m/s인 매우 강한 태풍이었습니다. 8월 10일 아침 9시에 경남 통영 서쪽 30km 부근으로 상륙해서 충북 충주 서쪽으로 통과해 서울 동쪽을 지나 북한 평양 북동쪽으로 진행한 태풍입니다. 강원도 대진에 326mm의 호우가 쏟아졌고, 태풍으로 인한 사망자가 13명, 부상이 109명이며 대피 인원이 14,394명이었습니다. 재산피해는 약 1,200억 원에 달했습니다.

제9호 태풍 '사올라'는 필리핀 동쪽 해상에서 발생해 그대로 타이완 북쪽을 지나 중국의 푸저우 부근으로 상륙했습니다. 평균 최대 풍속이 54m/s이었고, 사망자는 3명, 재산피해는 약 7천억 원에 달했던 태풍입니다.

제11호 태풍 '하이쿠이'는 8월 28일 9시에 괌 부근 해상에서 발생해 그대로 타이완 남서쪽 내륙을 관통한 후 중국 푸젠성으로 상륙한 태풍입니다. 가장 강했던 평균 최대 풍속은 44m/s였고, 사망자는 16명, 재산피해는 약 9,200억 원에 달했습니다.

 반기성 센터장의 꿀팁

단일 기상재해로 가장 큰 피해를 가져오는 것이 태풍입니다. 태풍은 강한 바람을 동반하면서 건물이나 구조물을 파괴하고, 집중호우를 동반하면서 범람, 침수 등의 피해를 줍니다. 그리고 태풍으로 인한 해일피해로 해안가 저지대 시설물이나 주민들에게 큰 피해를 줍니다.

태풍을 괴물로 만드는 주범이 기후변화인가요?

질문
TOP
14

▶ 저자 직강 동영상 강의로 이해 쑥쑥
QR코드를 스캔하셔서 동영상 강의를 보시고
이 칼럼을 읽으시면 훨씬 이해가 잘됩니다!

기후변화는 태풍을 괴물로 만들고 있습니다. 1975년 이후로 슈퍼태풍으로 발달하는 태풍의 수가 2배 정도 늘어나면서 엄청난 비를 쏟아붓기도 합니다. 2017년 8월 말 미국 텍사스주 휴스턴을 강타한 허리케인 '하비'는 일주일간 최대 1,640mm의 폭우를 쏟아부었습니다. 이는 서울의 1년 강수량의 1.24배나 되는 수준입니다.

이에 위스콘신 우주과학 공학센터는 "현대적인 관측이 시작되기 이전의 자료를 검토해도 이만한 규모는 나타나지 않는다. 약 1,000년에 한 번 나올 수 있는 강수량이다"라며, 기후변화가 상상하기 어려울 정도로 엄청난 양의 비를 쏟아붓는다고 밝혔습니다. 지금부터는 기후변화가 태풍을 얼마나 강하게 만드는지 구체적으로 알아보겠습니다.

태풍이 강력해지는 것은
해수 온도가 높아지기 때문입니다

텍사스A&M대학교의 대기 과학자인 코트니 슈마허(Courtney Schumacher)는 "태풍의 숫자는 약간 줄어드는 것 같은데 태풍의 강도는 급격히 증가하고 있다"라고 말합니다.[18] 괴물 같은 강력한 태풍이 또 얼마나 발생할까요?

30개 태풍 가운데 현재 기후에서는 3개가 슈퍼태풍으로 발달했지만, 미래 기후에서는 12개가 슈퍼태풍으로 발달한다고 합니다. 가장 강력했던 태풍은 2005년 미국을 강타한 '카트리나'였는데, 기후변화로 지구 평균기온이 1℃ 오르면 카트리나급의 슈퍼태풍이 최대 7배나 더 많이 발생할 것으로 예상됩니다.

이렇게 태풍이 강력하게 발달하는 원인은 해수 온도가 높아지기 때문입니다. 인간이 초래한 기후변화로 인해 지구에 엄청난 양의 여분의 열이 가두어졌으며 그중 90% 이상이 바다로 흡수되었습니다. 그로 인해 바다가 더 따뜻해지고, 해수면 바로 근처에 있는 더 뜨거운 물이 태풍을 괴물 같은 태풍으로 만듭니다. 2017년 허리케인 '하비'가 텍사스 근해에 있을 때는 열대성 저기압이었지만 평년해수 온도보다 최대 7.2℃ 높았던 지역을 지나면서 48시간 만에 슈퍼태풍으로 발달한 것이 좋은 예입니다.

태풍이 육지에 상륙해도
쉽게 약해지지 않는 이유

태풍은 육지에 상륙하면 에너지를 공급받지 못하고 지면과의 마찰로 급격히 약해집니다. 하지만 그런 태풍의 특성이 달라졌습니다. 기후변화가 만든 태풍의 새로운 특성 중 하나는 육지에 상륙해도 쉽게 약해지지 않는다는 것입니다.

2023년 7월 29일에 '독수리'로 이름 붙여진 강한 태풍이 중국의 푸저우 성에 상륙했습니다. 느린 속도로 북동부 지역으로 1,200km를 북진하면서 허베이성 싱타이시에는 이틀 동안 1,000mm가 넘는 비가 내려 2년 동안 내릴 비가 한꺼번에 쏟아졌습니다. 중국 기상청도 전혀 예상하지 못한 일이었습니다.

알레한드라 보룬다(Alejandra Borunda)는 지난 40년 동안 해안에서 수백 마일 이내의 폭풍이 빠르게 강해질 가능성이 약 3배 더 높아졌다고 말하고 있습니다.[19] 미국 국립해양대기청의 발표에 따르면 태풍의 에너지 최강 지점이 중위도로 옮겨가고 있다고 합니다. 적도 근처에서 발생하는 태풍이 중위도로 올라가면서 현재는 적도 부근에서 약 160km 멀어졌다고 합니다. 이렇게 태풍의 발생 지점이 북상하거나 육지에서 가까운 지역에서 급격히 발달하면 우리나라나 일본의 경우에는 대비할 시간이 부족해져서 피해가 커질 가능성이 높아집니다.

예전보다 습한 태풍이라
비가 많이 내리고 피해도 큽니다

따뜻한 해수 온도는 또한 더 습한 태풍을 만들어내면서 예전보다 더 많은 비를 뿌리는데, 미국 기후에너지솔루션센터(C2ES)는 기후변화가 강수량을 10~15% 정도 늘렸다고 발표했습니다.[20] 태풍이 따뜻한 바다로 이동하면서 더 많은 수증기와 열을 끌어들이다 보니 폭우가 내리는 것입니다.

기후변화가 태풍의 피해를 더 크게 만드는 것은 해수면 상승 때문이기도 합니다. 연구에 의하면 1900년 기후 조건보다 해수면 상승으로 인해 홍수 고도가 15~60% 높아졌는데, 허리케인 '샌디'의 경우 당시 해수면이 홍수 가능성을 3배 증가시키면서 추가로 20억 달러의 재산피해를 일으켰습니다. 미래에는 추가 상승으로 인해 심각한 홍수가 발생할 가능성이 4배 더 높아질 것으로 추정했습니다.[21] 우리가 기후변화를 막지 못한다면 머지않은 미래에 엄청나게 강력한 태풍을 보게 될 것입니다.

 반기성 센터장의 꿀팁

태풍의 강도는 급격히 증가하고 있습니다. 현재는 태풍 발생 가운데 3개가 슈퍼태풍으로 발달했지만 미래에는 12개가 슈퍼태풍으로 발달할 것이라고 합니다. 지구평균기온이 1℃ 오르면 최악의 슈퍼태풍이 최대 7배나 더 많이 발생할 것이라고도 합니다. 기후변화가 태풍을 괴물로 만듭니다.

기후변화는 비가 많이 오는 지역은 더 많이, 가문 곳은 더 가물게 합니다. 이로 인해 남유럽 등 가뭄 지역은 가뭄이 더 자주 발생합니다. 폭염과 함께 가뭄이 들면 땅이 사막화가 됩니다. 기후변화로 인한 폭염이나 가뭄, 홍수, 혹한, 사막화 등은 농업 부문에 타격을 주면서 전 세계 식량 생산이 줄어듭니다. 기후변화로 사람들이 사용할 수 있는 물은 줄어드는 데 비해 더 많은 물을 사용하게 됨으로써 물 부족이 심각해집니다.

3

기후변화로
식량과 물의 부족이
심각합니다

가장 심각한 기후재난으로
왜 가뭄이 꼽히나요?

2023년 12월 두바이에서 열린 기후변화 당사국총회(COP28)에서 국제 가뭄 복원력 연합(IDRA)이 가뭄에 관련된 자료를 공개했습니다.[1] 이 자료에 따르면, 세기말까지 중국의 가뭄 정도가 증가할 확률은 80%이며, 아프리카의 뿔 지역에서 가뭄으로 인해 식량 불안정을 겪는 인구는 2,300만 명이었습니다. 브라질과 아르헨티나에는 78년 만에 극심한 가뭄이 닥쳤으며, 2022년 유럽의 가뭄은 500년 만에 닥친 것이라고 밝혔습니다. 지난 50년 동안 가뭄으로 인한 아프리카의 경제적 손실은 700억 달러였으며, 2023년 아르헨티나의 대두(콩의 한 종류) 생산량은 가뭄으로 인해 지난 5년 대비 44% 감소한 것이라고 합니다.

모든 기후 현상 가운데 가뭄이
최다 사망자를 만들어냅니다

브리태니커 대백과사전[2]에 의하면 '가뭄은 장기간 비가 부족해 상당한 물의 불균형이 발생하면서 물 부족이 생겨 농작물 피해, 하천 유량 감소, 지하수 및 토양 수분 고갈, 증발 및 증산(식물체 안의 수분이 수증기가 되어 공기중으로 나가는 현상)[3]이 상당한 기간 강수량을 초과할 때를 말한다'라고 합니다.

가뭄이 가장 먼저 영향을 주는 것은 '농업'이라고 할 수 있습니다. 강수량이 부족하면 토양 수분 또는 지하수가 감소하고 하천 유량이 감소하면서 농작물 피해가 발생하기 때문입니다.

가뭄은 여러 가지 방식으로 사람들에게 영향을 미칩니다. 깨끗한 식수는 모든 생명체에 필수적이지만 가뭄 중에는 물 공급원이 줄어들 수 있습니다.

물이 없으면 사람들은 살기 위해 다른 곳에서 충분한 물을 가져와야 합니다. 자연적인 강수량이 부족해 농작물에 물을 주지 못하면 관개(물을 인공적으로 공급하는 작업)를 통해 물을 주어야 하는 것이지요. 그런데 관개는 근처의 강, 호수 또는 개울이나 지하수에 충분한 물이 있을 때만 가능합니다.

가뭄이 기후 현상 가운데 가장 심각한 재난이라고 하는 데는 이유가 있습니다. 홍수나 태풍 등 모든 기후재난 가운데 가뭄이 가장 많은 사망자를 만들어내기 때문입니다.

**가뭄에도
여러 종류가 있습니다**

전 세계적으로 가뭄을 4단계로 구분합니다.[4] 첫째는 '기상학적 가뭄'으로, 강수량 부족으로 인한 건조 정도와 건조 기간의 길이를 기반으로 합니다. 둘째는 '농업적 가뭄'으로 농업에 영향을 주는 가뭄을 말하는 것으로 농작물 생육에 직접 관계되는 토양수분으로 표시합니다. 셋째는 '수문학적 가뭄'이 있습니다. 물 공급에 초점을 맞추고 하천유량, 저수지, 지하수 등 가용수자원의 양으로 정의한 가뭄입니다. 넷째, '사회경제적 가뭄'은 다른 측면의 가뭄을 모두 고려한 넓은 범위의 가뭄입니다. 경제재(물)의 수요와 공급을 기상학적, 수문학적 그리고 농업적 가뭄의 요소와 관련시켜 정의합니다.

브리태니커 대백과사전에서는 가뭄에 4가지 종류가 있다고 합니다.[5] 첫째, '영구적인 가뭄'은 가장 건조한 기후로, 지속적인 관개가 없이는 농업이 불가능한 것을 말합니다. 둘째, '계절성 가뭄'은 연간 우기와 건기가 지속해서 돌아오는 기후에서 발생하는데, 우기에 비가 내리지 않으면 계절성 가뭄이 되는 것이지요. 셋째, '예측할 수 없는 가뭄'인데, 일반적으로 짧고 불규칙하지만 가끔 대규모 가뭄으로 바뀌기도 합니다. 넷째, '보이지 않는 가뭄'도 있는데, 여름철에 너무 기온이 높아 식물들이 증발과 증산을 많이 하게 되면 빈번한 소나기가 내려도 손실된 양을 공급하지 못해 농작물 수확이 줄어드는 경우입니다.

🌡️ 가뭄이 끼치는 영향은 정말 심각합니다

가뭄이 발생하면 여러 문제가 생깁니다. 가뭄이 우리 생활에 끼치는 악영향은 정말 심각합니다.

첫째, 물 부족이 발생합니다. 가뭄 동안 식수, 요리, 청소 및 식물에 물을 주는 등 가정에서 일상적으로 사용하는 물도 사용이 제한될 수 있습니다.

둘째, 농업은 가뭄에 치명적입니다. 최근 가뭄으로 인해 많은 나라가 쌀이나 옥수수, 밀 수출을 중단하고 있는데, 이는 식량 생산량을 크게 줄어들게 합니다.

셋째, 가뭄은 강물의 수위를 낮춰 물류 이동 등의 상업에 피해를 끼칩니다. 강에서 수송 바지선이 작동하려면 최소 2.74m 깊이의 물이 필요한데, 이 수량에 미치지 못하면 모든 상업이 중단됩니다.

넷째, 에너지 수급에 문제가 생깁니다. 원자력이나 화력발전소 등 냉각수가 필요한 발전소가 냉각을 못 해서 전기 생산을 하지 못하게 됩니다. 당연히 수력 발전도 물이 모자라 전기를 생산할 수 없게 됩니다.

다섯째, 사람들의 건강에 매우 나쁩니다. 강과 하천의 유량이 감소하면 오염물질이 농축되어 생활 용수에 사용되는 수질이 나빠지게되고, 가뭄으로 인해 발생한 산불에서 발생한 대기오염물질로 인해 만성 호흡기 질환을 악화시킬 수 있습니다.

이외에도 가뭄은 지구온난화를 심화시킵니다. 가뭄으로 나무가 줄어들면 대기 중의 이산화탄소를 흡수하지 못하게 되고, 결국 가뭄으로 인해 지구온난화가 진행되면 더욱 극단적인 재난이 발생할 가능성이 커진답니다.

 반기성 센터장의 꿀팁

모든 기상 재난 가운데 가장 많은 사람들이 희생된 것이 가뭄 때문입니다. 가뭄은 물 부족을 가져오고, 농업에 치명적인 영향을 줍니다. 그리고 물류 이동을 강에 의존하는 나라의 경우 상업에 영향을 줍니다. 수력발전이나 원자력 발전에 영향을 주어 전기생산이 줄어듭니다. 가뭄으로 강물이 오염되면 사람들의 건강에도 나쁜 영향을 줍니다.

전 세계적으로 가뭄이
얼마나 심한 건가요?

극심한 가뭄으로 몸살을 앓고 있는 남미 우루과이에서 실제로 일어난 일입니다. 우루과이 교육부는 2023년 5월에 수도인 몬테비데오와 카넬로네스 지역 학교에 물 부족 대응을 위한 지침을 발표했습니다. 그 내용은 정말 충격적인데, 점심때 "아이들이 요청할 때만 물을 주고, 미리 제공하지 말라. 어린이 1인당 물 한 잔만 주라"고 지시했습니다.

쉽게 말해 어린 학생 12만 명이 식수로 물 한 잔만 마시며 버텨야한다는 겁니다. 우루과이의 일부 지역은 가뭄 정도 6단계 가운데 최악인 '비정상 가뭄'으로 분류되었기에 이런 참담한 일까지 벌어지게된 거죠.

**유럽과 북미의 가뭄이
유독 심했습니다**

2023년 11월에 미 국립환경정보센터는 11월 기준 전 세계의 가뭄 상태를 발표했습니다.[6] 11월은 전 지구 평균기온이 최고를 기록했고, 많은 지역에서 극심한 가뭄으로 고통을 받았습니다.

먼저 유럽의 2023년 가뭄 상황을 보죠. 연초부터 강수량이 적은데다가 기온도 높아 증발산이 증가하면서 가뭄 상태가 심해졌는데, 남부 유럽에서는 6개월에서 12개월, 유럽 전역에서는 24개월에서 48개월의 가뭄 기간이 나타났습니다. 유럽 통합 가뭄 지표에 따르면 유럽 동부 및 지중해 지역에서 가장 심각한 가뭄을 보였으며, 유럽연합 27개 나라의 37.7%가 가뭄 특보상태에 있다고 합니다. 스페인에서 2년 동안 계속된 가뭄으로 인해 올리브유의 가격이 폭등했으며, 2023년 전 세계 포도주 생산량이 60년 만에 최저치로 떨어질 가능성이 있다고 합니다.

북미에서 미국은 전 국토의 36.1%가, 멕시코의 53.6%가 중간 정도의 가뭄이며, 캐나다의 국토 중 72%가 예외적인 가뭄으로 분류되었습니다. 캐나다는 비정상적인 가뭄으로 인해 농업의 81%가 부정적인 영향을 받았다고 합니다.

미국 농무부(USDA) 통계에 따르면 가뭄은 미국 보리 생산의 약 20%, 옥수수 생산의 44%, 면화 생산의 45%, 수수 생산의 43%, 대두 생산의 47%, 봄 밀 생산의 29%, 겨울 밀 생산의 38%, 건초 면적의 36%, 소 재고의 37%, 젖소 재고의 23%가 줄었다고 합니다. 멕시코의 경우 멕시코시티의 물 공급을 수개월에 걸쳐 대폭 중단했으며, 파나마의 경우 73년 만에 발생한 최악의 가뭄으로 대형 유조선의 운하 사용을 완전히 중단시켰습니다.

 아프리카와 아시아도
가뭄이 정말 심각합니다

2023년에 너무 높은 기온으로 인해 아시아 대부분, 특히 러시아와 중국에서, 그리고 서남아시아에서 중국 북부와 러시아 남부에 이르기까지 증발과 증산이 증가하면서 가뭄 지역은 더 광범위하고 심각해졌습니다. 특히 서남아시아에서 중국 북부와 몽골에 이르는 지역의 작물 성장 상태가 매우 나쁜 것으로 나타났습니다. 인도 남서부 북부, 동부, 해안 지역의 전체 인구의 약 26.4%가 가뭄 상태에 있었습니다. 그리고 남서 태평양의 남부·북부·동부의 섬들에서 1개월에서 6개월, 중부에서 동부 섬들은 12개월 정도 가뭄이 지속되었습니다.

튀르키예 이스탄불에서는 강우량이 줄어 댐 10곳 중 3곳의 수위가 3%로 급감하면서 물 공급량이 급격히 줄어들었습니다. 지난 3년간(2020년 겨울부터) 유프라테스강과 티그리스강(시리아, 이라크 포함) 주변의 비옥한 초승달 지대를 포함하는 서아시아의 넓은 지역과 이란이 이례적으로 적은 비와 높은 기온으로 인한 심각한 가뭄을 겪고 있다고 합니다. 인도네시아와 인도의 가뭄은 식량 생산에 차질을 가져와 쌀 수출을 중단하기도 했습니다.

아프리카 지역 가뭄은 2023년에 이어 2024년에도 지속되고 있는데요. 특히 2024년에는 남부아프리카가 심각한 가뭄이 5월까지 지속되고 있습니다. 남부아프리카의 잠비아, 짐바브웨, 보츠와나등의 지역은 우기인 겨울철에 거의 비가 내리지 않으면서 평년의 0~10%밖에 비가 내리지 않으면서 40년 만의 최악의 가뭄이 발생했는데요. 가뭄으로 이 지역 사람들의 주식인 옥수수 수확이 크게 줄어들었으며, 140만 마리의 소가 물 부족으로 폐사 위기에 빠졌다고 합니다. 이로 인해 짐바브웨, 말라위, 모잠비크 중부, 마다가스카르에서 수백만 명이 "위기 수준"의 식량 불안정에 직면해 있습니다. 농작물 수확량 감소와 물 부족으로 잠비아, 말라위, 짐바브웨는 2024년 4월에 국가적 재난을 선포했습니다.

 남미와 호주도
가뭄으로 물 부족이 심각합니다

2023년 12월 기준 전 세계에서 가장 가뭄이 심각한 지역은 남미의 아르헨티나, 파라과이, 브라질의 마투그로수로 가뭄이 29주간 지속되고 있습니다. 남미에서는 아마존강 유역 대부분과 대륙의 북부 및 남부지역에서 평년보다 가물었습니다. 가뭄은 점차 대륙의 북쪽 절반과 볼리비아와 파라과이에서 남쪽으로 확장되었는데, 특히 브라질과 볼리비아, 아르헨티나 일부 지역에서 작물상태가 좋지 않은 것으로 나타났습니다. 브라질의 극심한 가뭄으로 강 수위가 낮아져 배를 통한 화물과 여객 운송이 중단되었고, 볼리비아에서는 가뭄으로 주식인 감자를 심을 수 없을 지경이라고 합니다.

호주의 남부와 서부 일부 지역이 건조한 상태를 보였으며, 대륙 중부와 동부 및 북부 해안을 따라 가뭄이 6개월 동안 지속되었습니다. 서부와 동부지역에서 증발산이 심하게 발생하면서 매우 건조해졌으며, 지하수의 수위가 낮은 것으로 분석되었습니다. 호주는 엘니뇨가 발생하면 극심한 폭염과 가뭄이 발생하게 되는데, 2020년의 호주 대형산불도 엘니뇨 이후에 발생한 가뭄 때문이었습니다.

 반기성 센터장의 꿀팁

2023년 5월에 우루과이에서는 어린이 1인당 물 한 잔만 주라는 충격적인 지침을 내렸는데, 심각한 가뭄으로 물 부족이 발생했기 때문이었습니다. 2023년에 유럽과 북미에 심각한 가뭄이 들었습니다. 러시아와 중국, 인도, 튀르키예, 아프리카, 호주와 남미 등 전 세계적으로 심각한 가뭄이 발생했었습니다.

우리는 사막화로 인해
어떤 고통을 겪게 되나요?

"사막이 아름다운 건 어디엔가 샘을 감추고 있기 때문이야. 눈으로는 찾을 수 없어. 마음으로 찾아야 해." 소설 『어린 왕자(Le Petit Prince)』에 나오는 말입니다. 이 소설은 프랑스의 비행사이자 작가인 앙투안 드 생텍쥐페리가 1943년 발표한 소설이지요. 사하라 사막에 불시착한 조종사가 자신의 작은 별에서 시작해 여러 별을 거쳐서 드디어 지구에 내려온 소년의 이야기를 듣고 결국 소년이 뱀에게 물려 자신의 별로 돌아가게 되는 이야기입니다. 예전에 이 소설을 읽고 사막이 무척 아름다울 것으로 생각했던 적이 있었는데, 사막화는 무섭게 진행되고 있다는 것을 알게 되면서 사막은 그저 소설 『어린 왕자』를 통해서만 아름답게 남아 있답니다.

사막화는 무엇이고,
왜 생기나요?

유엔기후변화협약(UNCCC)은 1994년 당사국들이 채택한 조약에서 사막화의 정의를 제시했습니다. "사막화는 기후변화와 인간 활동을 포함한 다양한 요인으로 인한 건조, 반건조 및 건조한 아습 지역(적당한 물이 공급될 수 있는 지역)의 토지 황폐화를 의미한다"라고 말입니다.

그러니까 사막화는 초원이나 관목지와 같은 건조 및 반건조 지대의 식생이 감소하면서 결국 사라지는 현상입니다. 즉 사막의 물리적 확장이 아니라 현재 사막이 아닌 생태계가 사막으로 변화하는 과정을 말하는 겁니다.[7] 예를 들어 사하라 사막은 자연적으로 만들어졌지만 사막화는 주로 인간의 활동으로 인해 만들어지는 것입니다.

사막화는 지역마다 발생하는 주요 원인이 다릅니다. 아시아와 유럽, 중남미의 사막화는 '삼림 파괴'가 가장 심한 원인입니다. 아프리카와 호주는 '과다한 목축'이 사막화에 가장 큰 영향을 미치며, 미국은 '과잉 경작'이 사막화를 불러옵니다.

가장 심각한 사막화 지역은 아프리카의 사헬지역입니다. 사헬이라는 말은 '사막의 가장자리'라는 뜻으로, 사하라 사막 남부지역을 말합니다. 과거의 사헬 지대는 유목민들이 한 장소에 장기간 머물지 않고 이동했으므로 초원이 자연적으로 복구될 수 있는 여유가 있었는데, 인구가 급증하면서 가축의 과다한 방목과 경작으로 초원이 황폐해졌습니다. 게다가 오랜 기간에 걸친 가뭄이 닥치면서 급속한 사

사막화가 진행되어 땅이 갈라지는 모습

막화가 진행되는 중입니다.

　사막화가 진행되는 곳 중에서 독특한 곳은 아마존강 상류 지역입니다. 브라질의 아마존 열대우림이 개발이나 농업을 위해 훼손되거나 사라지고 있고, 숲이 사라진 자리가 사막으로 변해가고 있습니다.

　사막화가 가장 많이 일어나는 곳은 바로 중앙아시아입니다. 중앙아시아의 60% 이상이 사막화에 취약합니다. 중국, 우즈베키스탄, 키르기스스탄 지역은 급속히 상승하는 기온으로 인해 사막화가 진행되고 있고, 아시아 대륙 전역의 산들은 점점 더 뜨거워지면서 빙하가 사라지고 있습니다. 이로 인해 인근 지역으로 흘러가는 물이 줄어들면서 토지가 황폐해지고 있습니다.

　사막화는 아프리카에서도 큰 문제입니다. 예를 들어 흉작과 불모

지의 급증으로 인해 탄자니아의 엔가루카 주민들은 계속 괴로움을 겪고 있고, 많은 지역에서 강수량이 줄어들고 가뭄이 지속되면서 사막화가 진행되고 있습니다.

사막화의 주요 영향은 무엇인가요?

사막화는 치솟는 기온과 강수량 감소에 기인합니다. 이런 기후변화로 인해 식물군집이 다른 종으로 대체됩니다.

사막화로 인한 가장 흔한 변화는 침입성 관목 종(예: 미국 남서부의 버플 그래스와 양파 잡초, 사하라 사막의 타마리스크 식물)에 의해 토착 식물이 바뀌는 것입니다. 일부 지역에서 가뭄이 장기화하면 결국 풀을 뜯는 동물에 영향을 미치면서 죽은 토양으로 바뀌게 됩니다. 이런 원인 등으로 인해 오늘날 경작지의 황폐화 속도는 과거의 30배에서 35배로 빨라진 것으로 추산된다고 합니다.

사막화는 생물 다양성의 손실과 대수층(지하수를 함유한 지층)의 손실을 초래할 수 있습니다. 약 20억 명의 사람들이 건조한 땅의 생태계에 의존하고 있으며, 그중 90%는 개발도상국에 살고 있습니다. 많은 저개발 국가에서는 인구 과잉으로 인해 건조 지대를 농업지로 개발하게 됩니다. 이러면 과도방목과 농업으로 인해 토지는 고갈되고 대수층은 사라지게 됩니다. 그곳에 거주하던 많은 생물 종들이 사라지고 사막화로 변하면서 향후 10년 이내에 약 5,000만 명이 난민이 될 수 있다고 합니다.

사막화로 인해 먼지 폭풍(강한 바람과 티끌을 포함하는 비정상적인 폭풍)의 빈도도 증가하고 있습니다. 먼지 폭풍으로 인한 건강 영향은 사하라 사막, 중앙 및 동부 아시아, 중동 및 호주와 같은 지역에서 가장 큰 영향을 받습니다. 사하라 사막 지역, 중동, 남아시아 및 동아시아와 같은 곳에서는 먼지 폭풍이 모든 심폐 질환에 의한 사망의 약 15~50%를 유발하는 원인으로 알려져 있습니다.

또한 사막화는 토양의 황폐화를 가져오면서 경작지를 크게 줄입니다. UN의 발표결과에 따르면 매년 240억 톤 이상의 비옥한 토양이 지구에서 사라지고 있습니다. 오늘날 지구의 3분의 2가 사막화를 겪고 있으며, 이런 상황에서 아무런 조치도 취하지 않으면 150만 제곱킬로미터가 사막화될 것으로 예상하고 있습니다. 인도의 전체 경작지와 같은 면적의 농경지가 2050년까지 사라질 것이라고 하니,[8] 정말로 인류에 큰 비극 아닌가요?

 반기성 센터장의 꿀팁

사막화는 기후변화로 인해 초원이나 관목지를 가진 지역이 사막으로 변해가는 것을 말합니다. 사막은 자연적으로 만들어졌지만 사막화는 인류의 활동 때문에 만들어집니다. 아시아와 유럽, 중남미의 사막화는 산림파괴가 가장 큰 원인이고, 미국의 경우는 과잉경작이 사막화를 부릅니다.

사막화에 대응하지 못하면
경제적 손실이 큰가요?

영화 〈인터스텔라〉를 보고 나서 기억에 남는 것은 온 세상이 흙먼지로 가득 차 있는 장면이었습니다. 지구온난화로 인한 기후변화가 가져올 미래의 모습이 너무 충격적이었기 때문이지요.

"밀은 이제 생산이 불가능하고, 옥수수 역시 병충해로 내년을 기약할 수 없다"라는 영화 속 대사처럼 영화 〈인터스텔라〉는 농사를 지을 수 없는 사막화가 진행된 환경으로 바뀌면서 사람들이 식량 부족과 질병에 시달리는 시점에서 시작합니다. 국가와 경제가 붕괴하고 미국 항공우주국도 해체된 절망의 상황에서 인류가 생존할 수 있는 다른 행성을 찾는 프로젝트가 계획되고 주인공은 우주로 향하지요. '인류가 생존하는 데 가장 큰 문제가 사막화'라는 메시지가 가슴에 와닿았던 영화입니다.

사막화의 가장 큰 적인 가뭄을
어떻게 막나요?

2023년 11월 30일 두바이에서 열린 28차 기후변화협약 당사국총회(COP28)에서 유엔 사막화방지협약은 '가뭄 데이터는 전 지구적 규모의 전례 없는 비상사태를 보여준다'라는 보고서를 발간했습니다.[9] 유엔사막화방지협약(UNCCD)은 토지 사용자에게 지속 가능한 토지 관리를 위한 환경을 보장함으로써 사람, 지역 사회 및 국가가 부를 창출하고 경제를 성장시키며 충분한 식량, 깨끗한 물 및 에너지를 확보할 수 있도록 지원하는 일을 하고 있습니다.

당사국총회에 참석한 국제가뭄회복력동맹(IDRA)에 총 34개국이 참여했는데, 이곳에서의 주된 의제는 '세계의 많은 지역에서 사막화가 진행된다면 어떻게 해결할 수 있는가'였습니다. 의제에 따른 세부적인 내용은 다음과 같이 3가지로 정리됩니다.

첫째, 토지 복원입니다. 이를 위해 지속 가능한 토지 관리와 함께 자연 친화적 농업을 할 때 세계적인 가뭄 복원력이 이루어질 수 있다고 보았습니다. 실천 방법으로는 가뭄에 강한 작물을 심고, 효율적인 관개 방법을 시행하고, 매년 농사짓지 않고 밭이 쉴 수 있는 해를 적용하는 등 자연 친화적 농업 기술을 채택하자는 것이었습니다. 둘째, 효율적인 물 관리입니다. 이를 위해 지속 가능한 물 공급 시스템을 만들어야 하며, 물이 새 나가지 않도록 보존 조치를 해야 하고, 물을 효율적으로 사용할 수 있는 기술에 대한 투자가 이루어져야 한다는 겁니다. 셋째, 재난피해를 줄이는 인프라 구축과 함께 재난 조기 경보 시스템도 전 세계 가뭄 복원력에 필수적이라고 보았습니다.

이들은 "우리는 지구의 경계와 모든 형태 생명체의 상호 의존성을 존중하는 방식으로 앞으로 나아가는 것 외에 다른 대안이 없다. 우리는 가뭄을 줄이기 위해 국가들이 취해야 할 적극적인 조치에 대한 구속력 있는 글로벌 합의에 도달해야 한다"라며 사막화를 막기 위한 국제적 노력을 촉구했습니다.

 사막화를 막으면
엄청난 경제적 이익이 있습니다

지구의 많은 면적이 사막화로 변하면서 '토지를 보존하고 복원해야 한다'는 위기의식으로 2022년 5월, 코트디부아르에서 유엔 사막화방지협약 15차 당사국총회가 열렸습니다. 유엔사막화방지협약(UNCCD)은 공평하고 포괄적인 방법으로 모든 국민에게 식량, 물, 피난처 및 경제적 기회를 제공하기 위해 토지 황폐화의 영향을 완화하고 내일의 토지 관리를 촉진하기 위한 다자간 약속이라고 할 수 있습니다.

현재 지구 40%에 달하는 토양이 황폐해지면서 인류의 절반에 가까울 정도로 많은 사람들에게 직접적인 영향을 미치고 있습니다. 유엔사막화방지협약은 세계 GDP의 절반(44조 달러)에 해당하는 경제적 피해를 주고 있다고 밝히고 있는데, 지금처럼 기후변화에 대응하지 않고 토양을 혹사시킨다면 2050년까지 남아메리카 크기의 지역의 토양 황폐화가 예상된다고 합니다.

그런데 2030년까지 황폐해진 토양 10억 헥타르를 복구하기 위해서는 매년 1,600억 달러가 필요합니다. 이는 매년 지급되는 화석 연료와 농업 보조금 7천억 달러보다 매우 적기 때문에 토양복구를 위한 더 많은 투자가 필요합니다.

15차 당사국총회에서는 196개국의 7천 명에 가까운 대표단이 토지경영의 미래에 관한 회의에 참석했습니다. 당시 회의에서는 토지황폐화로 가난과 굶주림, 환경오염이 발생하고, 가뭄, 홍수, 산불과 같은 재난과 질병에 더 취약하게 된다고 보았습니다. 그러나 현재 인류의 농업 관행은 전 세계의 토양을 자연적 과정보다 100배 이상 빨리 황폐화하고 있다고 보았습니다.

"토지 황폐화는 식량문제뿐만 아니라 강우 패턴을 변화시키고 가뭄이나 홍수와 같은 극단적인 날씨를 악화시키고 기후위기를 가져온다"고 이 회의는 결론 내립니다. 이렇게 되면 결국 빈곤, 갈등, 기후난민 등 각종 사회적·정치적 불안정을 가져오는데, 이를 막기 위해 유엔사막화방지협약은 토지황폐화 복원 목표를 세워서 실행하기로 했습니다.

토지 황폐화를 막는 복원, 즉 농업, 방목 관리, 자연 재생 지원 등의 대책을 이용하면 약 50억 헥타르(지구 면적의 35%)의 복구가 이루어집니다. 이렇게 되면 2050년까지 대부분의 개발도상국에서 식량 수확량은 5~10% 증가할 것으로 예상합니다. 빗물이 공급되는 농경지에서 토양 수분 보유 능력은 4% 증가할 것이며, 2015~2050년 토양의 탄소 증가와 배출 감소로 탄소 재고는 17Gt 순증하면서 기후변화를 저지할 수도 있습니다. 그리고 생물 다양성 손실의 11%는 줄일 수 있을 것으로 전망했습니다. 지구에서 사막화되는 지역이 없도록 우리 모두 힘을 합쳐야 하겠지요.

 반기성 센터장의 꿀팁

15차 유엔 사막화방지협약에서 발표된 자료를 보면, 지구의 40%에 달하는 토양이 황폐해지면서 인류의 절반에 가까운 사람들에게 직접적인 영향을 미칩니다. 세계 GDP의 절반(44조 달러)에 해당하는 경제적 피해를 주고 있다고 합니다. 모든 지구인이 힘을 합쳐 사막화를 막아야 하는 이유입니다.

질문 TOP 19

미래에는 물을 차지하기 위해 전쟁까지 할까요?

▶ 저자 직강 동영상 강의로 이해 쑥쑥

QR코드를 스캔하셔서 동영상 강의를 보시고
이 칼럼을 읽으시면 훨씬 이해가 잘됩니다!

22세기에 발발한 핵전쟁으로 삶이 처참히 무너져내리고, 소수의 사람만이 물을 장악하게 된 인류의 비극을 실감나게 그린 영화가 있는데, 조지 밀러(George Miller) 감독의 〈매드 맥스 : 분노의 질주〉이지요. 이 영화를 만든 감독은 인도의 한 어린아이 입에서 자연스럽게 흘러나온 '물 전쟁'이라는 말을 듣고 영화를 만들었다고 합니다.

현재 인도와 파키스탄은 인더스강의 물을 놓고 갈등을 벌이고 있습니다. 물은 공기와 식량과 더불어 인류가 살아가는 데 가장 필수적이기에 이를 차지하기 위한 전쟁 가능성은 매우 큽니다.

"20세기의 전쟁이 석유를 쟁탈하기 위한 것이었다면, 21세기의 전쟁은 물을 차지하기 위한 전쟁이 될 것이다." 전 세계은행 부총재였던 이스마일 세라겔딘(Ismail Serageldin)이 실제로 한 말입니다.

🌡️🌏 20억 명이 안전한 식수를
공급받지 못한다고요?

　유네스코(UNESCO)의 보고서를 보면 전 세계 사람들 중 20억 명(인구의 26%)이 안전한 식수를 공급받지 못하고 있으며, 36억 명(46%)이 안전하게 관리되는 위생 시설에 접근하지 못하고 있습니다. 20억에서 30억 명의 사람들이 매년 최소 한 달 동안 물 부족을 경험하고 있습니다. 물 부족에 직면한 전 세계 도시 인구는 2016년 9억 3,000만 명에서 2050년 17억~24억 명으로 2배가 증가할 것으로 예상한다고 합니다.[10]

　이렇게 물이 부족해지는 5가지 원인을 살펴보죠. 첫 번째 이유는 기후변화입니다. 기후변화가 심각해지면 적도 근처의 좁은 열대 강우 벨트를 위아래로 불균형적으로 이동시켜 수십억 인구의 물과 식량안보를 위협할 수 있습니다. 또한 지역에 따라 가뭄과 홍수가 점점 더 심해지다 보니 물 부족이 심화되고 있는 것이지요. 두 번째 이유는 실제 사용 가능한 물은 부족한데 인구 증가와 도시화로 인해 물 사용량은 100년간 6배나 늘었기 때문입니다.

　세 번째 이유는 급속한 식량 생산증가로 물 부족이 생기기 때문입니다. 예를 들면 소고기 1kg을 만들기 위해서는 물이 15,500L 필요하며, 1L의 우유를 생산하기 위해서는 100배의 물이 필요합니다. 네 번째 이유는 기후변화로 증발량이 증가하다 보니 물 부족이 심해지기 때문입니다. 다섯 번째 이유는 후진적인 상·하수처리 시스템과

제도 때문입니다. 예를 들어 유럽 수자원 연구기관 유르오(EurEau)의 집계에 따르면 유럽연합 식수의 25% 정도가 수도관 누출로 손실된다고 합니다.[11]

앞으로 어느 나라가 물 부족에 시달릴까요?

세계자원연구소(WRI)가 2023년 8월 16일에 발간한 보고서에 따르면, 1960년 이후 전 세계 물 수요는 2배 이상 증가했고, 앞으로도 계속 증가할 전망이라고 합니다.[12] 아프리카에서는 물 수요가 급증하고 있다며, 2050년까지 전 세계 물 수요가 2024년 기준, 20~25% 증가할 것으로 예상했지요. 그리고 물 공급보다 수요가 더 많은 '물 스트레스(각각의 국가에서 사용할 수 있는 양의 물이 부족한 상태)'가 심각한 25개 나라를 밝혔습니다. 이 나라들은 매년 물 공급량의 80% 이상을 사용하고 있어서, 만약 물 저수량이 20% 미만으로 떨어지게 되면 곧바로 식수 위기로 이어질 수 있는 나라입니다.

세계자원연구소가 공개한 물 스트레스에 직면한 25개국은 사우디아라비아를 비롯해 인도, 칠레, 산마리노, 벨기에, 그리스 등입니다. 특히 바레인, 키프로스, 쿠웨이트, 레바논, 오만 등 5개국이 물 스트레스가 가장 심각한 나라로 꼽혔습니다.

전 세계 인구의 절반에 해당하는 약 40억 명이 1년에 최소 한 달

이상 극심한 물 스트레스에 노출되고 있습니다. 2050년에 이르면 물 스트레스에 노출되는 인구수는 전 세계의 60%에 육박할 정도로 증가할 것으로 전망했습니다.

🌡️ 우리나라도
심각한 물 부족국가인가요?

한국의 물 스트레스 지수는 20~40%로 웬만한 아프리카 국가보다 높습니다. 물 스트레스 지수가 높은 국가의 특징은 국토면적이 좁고 인구밀도가 높은 나라인데, 우리나라의 경우 강수량이 여름철

물이 부족한 아프리카의 한 마을

에 집중되어 실제 이용 가능한 수자원이 부족한 나라입니다.

우리나라의 1인당 총 가용 수 자원량은 2017년 기준 1인당 1367m³로 세계 평균(1만 8651m³/인)의 13분의 1 수준이며, OECD 회원국 중 네 번째로 적은 나라로 가용 수 자원량이 절대적으로 적습니다. 연간 물 사용량이 1000m³/인일 경우 '물 기근 국가', 1700m³/인일 경우 '물 부족국가', 그 이상이면 풍요국가로 구분하기에 우리나라는 물 부족국가이지요. 그런데도 한국인의 1인당 물 사용량은 전 세계 3위에 자리잡을 정도로 많습니다. 환경부에 따르면 2020년 기준 한국의 1인당 하루 평균 물 사용량은 295L로 미국, 일본에 이어 세계에서 세 번째로 많다고 합니다.

미래에는 우리나라의 물 부족이 더욱 심해질 것으로 예상되기 때문에 반드시 대책이 필요합니다. 정부와 기업, 농업, 국민 모두 물을 효율적으로 활용하기 위해 노력해야 합니다.

 반기성 센터장의 꿀팁

유네스코(UNESCO)의 보고서를 보면 전 세계적으로 20억 명(인구의 26%)이 안전한 식수를 공급받지 못하고 있으며, 36억 명(46%)이 안전하게 관리되는 위생 시설에 접근하지 못하고 있습니다. 물은 생존에 필요한 재화이기 때문에 만약 물이 부족하게 된다면 전쟁까지 일어날 것이라고 전문가들은 예상하고 있습니다.

세계의 절반이 굶주린다는 게 정말 사실인가요?

▶ 저자 직강 동영상 강의로 이해 쏙쏙
QR코드를 스캔하셔서 동영상 강의를 보시고
이 칼럼을 읽으시면 훨씬 이해가 잘됩니다!

"아빠! 우리나라에는 먹을 것이 넘쳐나서 사람들이 비만을 걱정하고 한쪽에서는 음식 쓰레기도 마구 버리고 있잖아요? 그런데 아프리카나 아시아, 라틴아메리카의 많은 나라에서는 아이들이 굶어 죽어가고 있다니 정말 기막힌 일 아니에요?" 장 지글러의 책 '왜 세계의 절반은 굶주리는가'에 나오는 말입니다. 이 책에는 전쟁과 정치적 무질서로 인해 구호 조치가 무색해지는 현실, 부자들의 쓰레기로 연명하는 사람들, 소는 배불리 먹고 사람은 굶는 등 현실의 식량불평등, 기후변화와 분쟁으로 인한 식량 생산이 줄어들고 있는 것 외에 공평하게 공급되고 있지 못하는 문제 때문에 많은 어린이가 굶고 있다고 말합니다.

기후재난으로 많은 나라에서
식량 생산이 줄었습니다

2023년에도 장기화된 식량 위기로 인해 기록적인 수준의 심각한 식량 불안정이 지속되고 있습니다. 48개국에서 2억 3,800만 명이 심각한 수준의 기아에 직면해 있으며, 이 수치는 2022년보다 무려 10%나 증가한 수치입니다.[13]

2023년에도 전 지구적으로 기후재난이 많이 발생하면서 식량 생산이 줄어들었습니다. 먼저 유럽의 경우 2022년에 이어 2023년에도 폭염과 가뭄으로 인해 곡물 생산량이 줄어들었습니다. 독일 최대 농업 협회인 농업인협회(DBV)는 2023년 곡물 생산량이 4090만 톤으

가뭄이 지속되어 말라가는 농작물

로, 2018~2022년 평균 생산량인 4220만 톤을 밑돌 것으로 예상했습니다. 러시아에 이어 세계 2위 밀 수출국인 호주는 가뭄으로 인해 밀 수확량이 줄어들 것으로 전망했는데, 호주 당국은 2023~2024년도 밀 수출량이 전년 대비 29% 줄어든 2100만 톤이 될 것으로 예상했습니다. 이렇게 되면 수출 감소는 국제 가격에 상승 압력으로 작용하게 됩니다.

2023년 3월에 아르헨티나를 덮친 63년 만의 폭염과 가뭄으로 인해 식량 생산이 줄어들었는데, 이로 인해 2023년 세계 옥수수 공급량은 2022년보다 13.9% 감소할 전망입니다. 인도에서는 폭염과 호우로 인해 쌀 가격이 급등하면서 2022년에 이어 2023년에도 쌀의 일부 품목 수출을 금지했습니다. 태국은 엘니뇨로 비가 내리지 않으면서 생산량이 줄어들어 태국산 쌀 수출 가격은 6월 말 1t당 518달러로 1년 전보다 24%나 상승했습니다.

세계 3대 쌀 수출국인 베트남도 가뭄으로 쌀 가격이 10년 만에 최고로 올랐습니다. 또한 설탕의 원료인 조당의 주요 생산국인 인도에서 홍수 피해가 이어지면서 2023년 사탕수수 작황이 부진해 설탕 가격이 급등했습니다. 엘니뇨로 생산량이 줄어들 것으로 추정되면서 인도네시아와 말레이시아가 세계 생산의 80%를 차지하는 팜유 가격도 오르고 있습니다.

2024년까지 지속된 서아프리카 지역의 극심한 가뭄으로 인해 초콜릿의 원료인 코코아 콩의 가격이 1년 만에 4배나 올랐고, 스페인과 이탈리아의 가뭄으로 올리브유 가격도 50% 이상 올랐습니다.

식량 가격이 오르면서
식품 가격 인플레이션이 발생합니다

2023년 12월 18일, 세계은행이 밝힌 식량 가격 내용을 보면 매우 심각합니다.[14] 저소득 국가의 61.9%, 중하위 소득 국가의 76.1%, 중상위 소득 국가의 50%, 고소득 국가의 57.4%의 사람들이 5% 이상의 식량 가격 인플레이션을 경험했는데, 가장 큰 영향을 받는 국가는 아프리카, 북미, 남아메리카, 남아시아, 유럽 및 중앙아시아라고 합니다.

곡물 가격은 꾸준히 오르고 있습니다. 2023년 12월 초에 옥수수와 밀 가격은 각각 8%와 14% 상승해 곡물 가격 지수의 상승을 주도했으며, 쌀 가격은 1% 상승했습니다. 2022년 대비 쌀 가격은 36%

곡식을 수확하는 모습

가 오른 겁니다. 그리고 옥수수 가격은 2021년 1월보다 6%, 밀 가격은 4%가 더 올랐습니다. 러시아의 우크라이나 침공 이후 각국의 무역 관련 정책이 바뀌고 있는데, 2023년 12월 11일 기준 19개국이 27개의 식품 수출 금지를 시행하고 있으며, 9개국은 17개의 수출 제한 조치를 시행하고 있습니다.

우리나라도 2050년 전에 식량 위기가 옵니다

기후변화와 식량 위기는 별개의 사항이 아니라 긴밀히 연계되어 있습니다. 기후변화로 식량 생산이 줄어들면 곡물 가격이 올라가기 때문입니다.

그러다 보니 많은 과학자가 식량 부족에 대해 걱정합니다. 세라거(Sarah Gurr) 영국 엑서터대학교 교수는 "인류는 코로나 19 같은 질병에 걸려 사망하기 전에 영양실조로 사망할 것이다"라고 전망했습니다. IPCC는 기후변화로 수십 년 내에 전 인류가 '식량안보' 문제에 직면할 것이며, 2050년에는 주요 곡물 가격이 최대 23% 상승할 것으로 전망했습니다.

조천호 경희사이버대학교 교수는 "한반도의 기후위기는 식량 위기로 올 것이다. 향후 20~30년 동안 제일 중요한 문제가 식량 위기가 될 것이다"라고 전망했습니다. 남재철 서울대학교 농업생명과학

대학 교수 또한 "우리나라는 기후위기로 2050년 전에 식량 위기를 겪을 것이다"라고 우울한 전망을 하고 있습니다.

이런 전망을 하는 이유는 우리나라의 경우 식량 가격이 오르면 타격이 더 크기 때문입니다. 우리나라는 연간 곡물 수입을 1700만 톤 수입하는 세계 7위의 수입국으로, 2022년 기준 식량자급률은 32%이며 곡물 자급률은 29.9%밖에 되지 않는 나라이기 때문입니다. 우리나라는 국제 식량 가격 상승에 매우 취약한 나라이기에 적극적인 식량 위기에 대응하는 정책이 반드시 필요합니다.

 반기성 센터장의 꿀팁

장 지글러는 그의 책 『왜 세계의 절반은 굶주리는가』에서 기후변화와 분쟁으로 많은 어린이가 굶주리고 있다고 주장합니다. 2023년에도 심각한 식량 불안정이 지속하면서 48개국에서 2억 3,800만 명이 심각한 수준의 기아에 직면해 있으며, 이 수치는 2022년보다 10%나 증가한 수치입니다.

식량이 부족한 원인에는
어떤 것들이 있나요?

"눈을 뗄 수 없다. 대재앙을 다룬 모든 소설 가운데 단연 돋보이는 책이다." 존 크리스토퍼(John Christopher)의 소설 『풀의 죽음(1956)』에 대한 〈파이낸셜 타임스〉에 대한 서평입니다.

이 소설의 내용을 보면, 바이러스의 확산으로 식량이 줄어들자 엄청난 수의 동물과 인간이 굶주림으로 죽어 나갑니다. 치료법을 금방 찾을 거라던 과학자들을 비웃기라도 하듯 바이러스는 변이를 거듭해 세계를 초토화시키지요. 이 소설은 '전염병의 시대'를 사는 인류가 '곡식에 감염되는 바이러스'로 곤란을 겪을 가능성에 주목하며, 환경파괴와 내성을 갖춘 세균과 바이러스로 인한 곡식 질병의 등장이 실재하는 위험을 예견한 소설이기도 합니다.

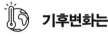

기후변화는
식량 생산을 줄입니다

'온난화로 인한 수확 빈도와 수확량 감소가 세계 농업 생산을 감소시킨다'라는 논문에 의하면 2050년까지 전체 식량 공급이 4% 이상 줄어들 수 있다고 전망합니다.[15] 인구는 계속 늘어나는데 식량 생산은 줄어들기 때문에 위기가 올 수 있다는 것이지요.

맥킨지 보고서에서는 연간 밀·옥수수·대두·쌀 작황이 10% 감소할 확률이 지금은 6% 정도이지만 2050년이 되면 18%로 뛸 것으로 예상했습니다. 기후변화에 관한 정부 간 협의체(IPCC)는 세기말에 온실가스저감대책을 제대로 하지 않으면 지금보다 밀 생산량이 20~30%나 줄어들 수 있다고 전망했습니다.

기후변화가 식량 위기를 가져오는 원인은 크게 4가지를 들 수 있습니다. 첫째, 기후변화에 따른 높은 온도, 물 고갈, 가뭄, 홍수, 대기 중 이산화탄소 축적 등은 세계 식량 생산에 나쁜 영향을 주고 있습니다. 둘째, 기후변화는 식량을 사기 어렵게 만드는데요. 홍수나 태풍등으로 식량공급이 제한되면 식량가격이 상승합니다. 이로 인해 가난한 사람들이 식량을 사기 어렵게 됩니다. 셋째, 기후변화는 식량의 영양 가치를 감소시키는데, 작물에 이산화탄소 집약도가 높아지면 단백질과 아연, 철분 함량이 감소하게 됩니다. 넷째, 기후변화는 식량 폐기량을 늘리는데, 가뭄이 심한 지역에서 재배한 작물이 습도가 높은 저장시설로 옮겨질 때 진균의 침입이나 해충에 취약하게 되며, 홍수는 작물에 독성 곰팡이를 만들어냅니다.

이처럼 기후변화와 기후재난이 빈번해질수록 식량 손실이 증가하면서 식량 위기가 올 수밖에 없습니다. 세계에서 기아지수가 높은 나라를 보면 중앙아프리카공화국, 마다가스카르, 예멘, 콩고민주공화국, 레소토, 니제르, 챠드 순으로 굶는 사람이 많습니다.

 분쟁이 식량 생산을 줄이고 사람들을 굶주리게 합니다

2023년에도 분쟁은 식량 불안정의 주요 원인입니다. 분쟁은 시장 혼란을 가져와 식량 접근을 방해하고, 가격 급등과 식량 부족을 초래합니다. 또한 인도주의적 원조의 전달에도 영향을 미치며, 전쟁 당사자들은 전쟁 무기로 식량을 사용하면서 사람들이 식량에 대한 접근을 의도적으로 거부합니다.[16]

분쟁은 1억 3,900만 명의 민간인을 살상할 수 있는 가장 극단적인 수준의 굶주림으로 내몰았습니다. 예를 들어 우크라이나에서 벌어지고 있는 전쟁은 농지와 주요 기반시설을 파괴하고, 가축을 죽이고, 중요한 공급망을 붕괴시켰습니다. 2023년 12월, 우크라이나 국민 3명 중 1명은 굶주림에 시달리고 있습니다. 한때 세계의 곡창지대로 여겨졌던 우크라이나는 연간 4억 명의 인구를 먹여 살릴 수 있는 충분한 식량을 생산했고 많은 저개발국에 식량을 수출했습니다.

그런데 전쟁으로 식량 생산이 줄어든 것은 물론 우크라이나 흑해 항구가 봉쇄되면서 곡물 선적을 하지 못해 저개발국 사람들이 굶주리게 되었습니다.

2023년 말 기준으로 아프리카의 수단에서는 2023년 4월에 분쟁이 시작된 이래 추가로 약 860만 명이 심각한 수준의 식량 불안정에 직면해 있습니다. 이전에 이미 1,170만 명이 심각한 식량 위기에 처해 있었지요. 세계의 구호 기관들의 식량이 도난당하고 국민에게 전달되지 않기에 국민이 극심한 식량 부족에 시달리고 있습니다.

 ## 식량 부족을 없애는 방법에는
무엇이 있을까요?

『왜 세계의 절반은 굶주리는가』의 저자인 장 지글러는 전 세계적으로 7억 9,500만 명에 달하는 기아의 발생 원인을 밝혔습니다. 기후변화와 내전, 그리고 불안한 사회제도 등도 원인이지만 가장 중요한 것은 곡물을 생산·판매하는 다국적기업과 강대국의 횡포라고 그는 말합니다.

다국적기업은 시장 조작을 통해 곡물 가격을 크게 부풀리는데 그들에게 중요한 것은 생명이 아닌 이윤이기 때문이라고 저자는 말하지요.[17] 이에 저자는 식량의 공정한 분배를 위해 다국적기업의 규제에 대한 사회적 합의가 필요하다고 주장합니다. 국제기구들은 일시적인 식량 지원만 할 수 있을 뿐, 불공정한 분배 구조로 인한 만성적인 영양실조는 해결할 수 없기 때문이라고 그는 말합니다.

또한 그는 강대국의 농산물 생산 제한도 기아 문제의 원인이라고 말합니다. 자국의 이익을 극대화하기 위해 자국이 생산하는 농산물의 양을 제한하는 것이지요. 가난한 나라 사람들이 굶어가는 것은 자본의 논리 앞에 무시된다고 그는 말합니다. 결국 식량이 부족해 굶어 죽는 사람을 없애기 위해서는 기후변화를 막아야 하고, 전쟁이나 분쟁은 없애야 하고, 다국적기업과 강대국의 횡포를 막을 수 있는 사회적 합의도 필요합니다.

 반기성 센터장의 꿀팁

기후변화가 식량 부족을 가져옵니다. 기후변화에 따른 높은 온도, 물 고갈, 가뭄, 홍수, 대기 중 이산화탄소 축적 등은 세계 식량 생산에 나쁜 영향을 주고 있습니다. 기후재난으로 식량 공급망이 제한되거나 무너지는 원인도 있습니다. 기후변화로 인해 식량영양가치가 감소하고 있습니다. 생산된 식량도 기후변화로 폐기되는 양이 늘어나기 때문이랍니다.

기후변화로 기온이 오르게 되면 지구에 있는 얼음 덩어리들이 더 많이 녹게 됩니다. 지구에는 북극해의 해빙, 그린란드의 빙하, 남극대륙의 빙하, 남극해의 해빙, 산악지대의 빙하가 있는데, 빙하들이 녹아 바닷물이 상승하면서 섬나라나 저지대 국가들이 물에 잠겨가고 있습니다. 이는 더 극심한 기후재난을 가져옵니다. 그리고 기후변화로 바닷물 온도가 오르면 기후변화는 더 심해지고 바다가 산성화되면서 해양 생물이 살기 어려워집니다.

4

기후변화로
빙하가 녹고
바다가 죽어갑니다

북극권 빙하가 계속 녹으면
무슨 일이 생기나요?

▶ **저자 직강 동영상 강의로 이해 쑥쑥**
QR코드를 스캔하셔서 동영상 강의를 보시고
이 칼럼을 읽으시면 훨씬 이해가 잘됩니다!

비스듬하게 깎여나간 빙하 조각 위에 북극곰이 몸을 웅크린 채 잠이 든 사진이 '2023년 최고의 야생 사진'으로 선정되었습니다. 이 사진은 런던 자연사박물관이 2024년 2월에 선정한 '2023년 최고의 야생 사진'에 뽑히기도 했는데, 녹고 있는 빙하에서 불안한 잠을 청한 북극곰의 모습이 기후위기의 심각성에 경종을 울렸다는 평가를 받았습니다.

빙하는 지구상에 북극해와 북극권육지인 그린란드, 남극해와 남극대륙, 그리고 높은 산악지대에 있습니다. 극지방에서 먼저 우리나라 기후에 가장 큰 영향을 주는 빙하는 북극해에 떠 있는 해빙입니다. 바다에 떠 있다고 해서 해빙이라고 부릅니다.

북극해의 빙하가 녹으면
이상기후가 생깁니다

그런데 2023년에 북극해 해빙이 심각하게 녹았습니다. 최근 미 국
립해양대기청이 찍은 위성사진을 공개했는데, 놀랍게도 7월에 동시
베리아해 쪽 빙하에 거대한 얼음구멍인 폴리냐(Polynya)가 발생한 겁
니다.

아래 그림의 원안에 만들어진 구멍이 폴리냐로, 그 규모가 무려
7만 1,000km²로 대한민국 면적의 70%에 달합니다. 여름철 북극에
서 발생하는 폴리냐는 보통은 육지와 닿은 빙하 가장자리부터 녹아

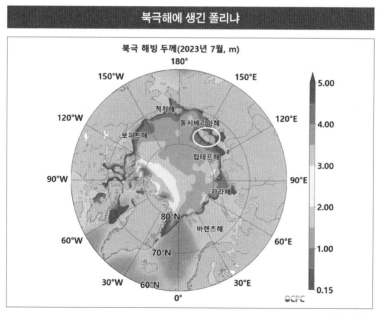

북극해에 생긴 폴리냐

출처: OCPC

서 생기는데, 이번에는 매우 이례적으로 빙하 가운데에 생겼습니다.

이렇게 빙하 한가운데 얼음구멍이 생긴 것은 지구온난화 때문입니다. 한국해양과학기술원은 2023년 7월 전 지구 해면 수온이 18.8℃로 전년 대비 0.3℃나 상승함에 따라 따뜻한 해수가 유입됐기 때문이라고 밝혔습니다. 한국해양과학기술원은 폴리냐가 장기간 지속하면 겨울철 북극 해빙의 확장을 방해할 수 있다면서, 이로 인한 이상기후 가능성에 대비해 지속적인 감시가 필요하다고 주장했습니다.

 ## 북극해 빙하가 녹으면서
기후에 주는 영향은 큽니다

북극 바다의 해빙에 이례적인 얼음구멍이 생기는 등 기후변화로 북극의 해빙이 많이 녹고 있는데, 이런 현상은 당장 북반구 기후에 큰 영향을 줍니다. 해빙 면적은 10년에 72만 4천 제곱킬로미터씩 줄어들고 있고, 해빙 두께는 10년에 30cm씩 얇아지고 있습니다. 전체적인 얼음 부피가 크게 줄어들고 있는 것이지요.

북극 해빙이 녹으면서 기후에 끼치는 영향은 다음과 같이 2가지로 정리할 수 있습니다.

첫째, 기후변화에 더 큰 영향을 줍니다. 북극 해빙이 녹으면 얼음이 태양 빛을 반사해주던 알베도 효과가 사라지면서 북극해 기온이

기후변화로 녹고 있는 빙하

급상승하고 얼음은 더 많이 녹는 등 기후변화가 심각해집니다.

둘째, 악기상이 많이 나타납니다. 북극해 기온이 상승할 경우 북극의 찬 공기를 막고 있던 제트기류가 약해지면서 한파가 한반도까지 내려오기가 쉬워집니다. 특히 풀리냐가 장기간 지속할 경우에는 겨울철 북극 해빙의 확장을 저해하면서 한반도에 겨울철 한파를 가져오기도 합니다. 권민호 한국해양과학기술원 해양기후예측센터장은 "북극에 있는 공기가 따뜻해지게 되면 상대적으로 제트류의 강도가 약해져서 북극에 있는 찬 공기는 중위도로 내려오게 되면 일시적으로 한반도를 포함한 중위도 지역에 혹한 가능성이 커진다"라고 말합니다.

그린란드 빙하가 녹으면
한국의 남해안도 물에 잠기나요?

북극에는 북극 해빙 외에도 육지인 그린란드에 엄청난 빙하가 있습니다. 극저온층 지역(cryosphere)인 그린란드의 빙하는 남극에 이어 세계에서 두 번째로 큰 육지빙하입니다.

그런데 최근 기후변화로 그린란드 빙하가 급속도로 녹고 있습니다. 2023년 4월 미국 오하이오 주립대학교 연구팀이 2018~2021년 동안 그린란드의 스틴스트럽 빙하(Steenstrup Glacier)를 관측한 결과, 빙하가 해안에서 약 8km 뒤로 밀려나고 얼음 두께는 20% 얇아졌다고 합니다.[1] 그리고 빙하가 녹으면서 바다로 빠져나가는 얼음의 양은 2배, 속도는 4배 증가했다고 합니다.

그린란드 빙하는 2012~2017년 동안 매년 2,220억 톤의 얼음이 손실되면서 지구 해수면 상승의 주요 원인으로 지목되어 왔었습니다. 그동안 스틴스트럽 빙하는 큰 변화가 관찰되지 않았었는데, 이번 연구에서는 이 빙하도 빠르게 녹고 있다는 사실이 밝혀졌습니다.

그린란드 빙하가 녹는 양상이 매우 심각한데, 그중 지구온난화에도 안전하다고 여겨졌던 빙하도 붕괴할 위험이 있다고 합니다. 미국의 버펄로 대학교 지질학과의 애쉬 나르케비치(Ash Narkevic)가 주도한 연구팀은 2023년 6월에 그린란드 빙하의 특징과 변화에 대해 암울한 미래를 제시했습니다. N79로 알려진 그린란드 북동부의 니오갈프제르드피오르덴 빙하(NFG)가 안전하다고 생각되었던 것과 달리 불안하다고 지적했습니다. 항공기와 위성, 그리고 레이저 고도측정법을 사용해 연구한 결과 N79가 절단될 가능성이 크다는 겁니다.[2]

N79에는 그린란드에 가장 긴 떠다니는 빙설(氷舌, ice tongues)이 있습니다. 해안선에서 돌출된 길고 좁은 얼음판인 이 빙설은 빙하를 안정시키는 데 도움을 줍니다.

또한 N79는 북동 그린란드 방류(NEGIS)의 두 출구 중 하나로, 이를 통해 빙하가 흘러나갑니다. NEGIS는 얼음의 유출물로, 그린란드 내륙의 얼음에 덮인 분지에서 빙하와 용해물을 배출합니다.

연구에 의하면 접지선(grounding line)이라고 불리는 지역이 거대한 그린란드 빙하인 N79를 완전히 절단할 것이라는 예상입니다. 만약 N79가 절단되면 엄청난 빙하가 녹아 바다로 흘러 들어가면서 해수면 상승이 심각해질 것으로 전망된다고 밝혔습니다. 그린란드 빙하가 녹으면 지구 해수면은 약 7.6m 상승할 것으로 예측하고 있는데, 다 녹게 되면 많은 해안 도시들은 바다에 가라앉게 됩니다.

 반기성 센터장의 꿀팁

북극권은 전 지구평균 상승률보다 4배나 빨리 기온이 오르고 있는데, 이로 인해 북극바다에 떠 있는 해빙과 그린란드에 있는 대륙빙하가 빠른 속도로 녹고 있습니다. 북극해의 해빙이 많이 녹게 되면 북반구의 많은 지역에서 폭염이나 혹한, 홍수등이 더 많이 발생하고, 그린란드 빙하가 녹으면 해수면이 상승합니다.

지구의 에어컨인 남극 빙하는 왜 사라지고 있나요?

▶ 저자 직강 동영상 강의로 이해 쑥쑥
QR코드를 스캔하셔서 동영상 강의를 보시고
이 칼럼을 읽으시면 훨씬 이해가 잘됩니다!

남극(南極)은 남위 66° 33′ 이남 지역을 일컫는데, 지구 7대륙의 하나
입니다. 남극 대부분은 '남극대륙'이라 불리는 거대한 대륙이 차지하
는데, 평균 해발고도가 7대륙 중 가장 높은 2,500m 안팎입니다.

남극은 지구상에서 가장 추운 곳으로, 남극대륙의 전체 면적 1천
400만 제곱킬로미터 가운데 98%가 평균 두께 1.9km의 빙상과 빙하
로 덮여 있습니다. 빙하가 바다에 떠 있는 남극 해빙의 면적은 북극
해빙보다 넓습니다. 2023년 기준 북극 해빙 면적이 1천 700만 제곱
킬로미터인데, 이보다 남극 전체의 빙하면적은 3천 100만 제곱킬로
미터나 됩니다. 이렇게 많은 남극의 얼음이 태양 빛을 반사해주면서
지구 기온을 식히는 에어컨 역할을 해온 것입니다. 그런데 최근 기후
변화로 남극 빙하가 매우 빠르게 녹고 있어 너무나 안타깝습니다.

기후변화로 빙하가 녹고 바다가 죽어갑니다 (143)

**남극해의 빙하가
역대 최대로 많이 녹았습니다**

남극의 빙하도 해빙과 대륙빙하로 나뉩니다. 2023년 7월 10일에 미국 해양대기청은 이상 고온으로 인해 6월 남극 해빙 분포 면적이 평년보다 17% 줄었다고 발표했는데,[3] 아래 그림에서 아래로 처지면서 중간에서 끊어진 선이 '2023년의 남극 해빙 추세선'입니다. 역사상 남극 해빙의 면적이 최저치를 기록한 겁니다.

세계기후연구계획(WCRP)의 마이클 스패로우(Michael Sparrow) 박사는 "북극에서는 해빙이 지속해서 감소해왔지만, 남극에서 이렇게 급속하게 줄어든 것은 매우 이례적인 일이다"라고 말합니다. 지금까지 북극 해빙은 10년마다 13%씩 감소하며 뚜렷한 감소 추세를 보여왔

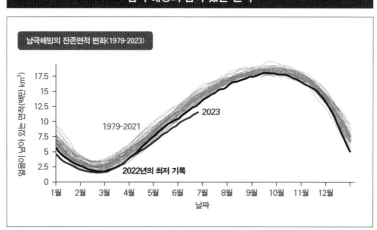

남극 해빙의 남아 있는 면적

출처: NOAA

으나 남극은 뚜렷한 패턴이 관찰된 바가 없었습니다.

그런데 앞의 그림에서 보는 것처럼 2023년에 해빙이 가장 많이 녹으면서 아래쪽에 2023이라고 쓰여 있습니다. 그 위에 있는 다소 진한 선은 2022년 해빙면적인데, 2022년에도 평년보다 해빙면적이 작았습니다. 그런데 이 그림처럼 2023년에 매우 급격한 감소 추세가 나타난 것이지요. 위성을 통해 관측한 결과 2023년 해빙 면적이 평균보다 250만 제곱킬로미터 감소했습니다. 물리해양학자 에드워드 두드리지(Edward Doddridge)는 "2023년에는 그 편차가 −5에 달했는데, 이 정도 수치는 750만 년에 한 번 발생할 수 있는 일이다"라면서 2023년에 극단적으로 해빙 면적이 줄었다고 밝혔습니다.

남극대륙의 빙하도
빠르게 사라집니다

2023년에는 남극 지역의 기온이 매우 이례적일 정도로 높았습니다. 프랑스 기후환경과학연구소 연구팀이 1천 년 동안의 남극 온도 변화 추이를 간직한 빙상퇴적물 78개를 분석한 결과, 남극 온도는 10년마다 0.22~0.32℃씩 상승했다고 2023년 9월 9일에 발표했습니다.[4] 기후변화 모델로는 10년마다 0.18℃씩 오르는 것으로 나타났으나 실제로는 이보다 더 가파르게 기온이 상승하고 있는 겁니다.

특히 남극 서부는 온도가 기후변화모델 예측치보다 2배 이상 빠르게 오르고 있습니다. 다른 지역에 비해 온난화가 유독 급속도로 진행되는 현상을 '극지 증폭' 현상이라고 부르는데, 이번에 이 현상이 처음으로 남극에서 나타났다고 합니다.

2023년 8월은 남반구의 겨울임에도 영하 10℃를 기록했습니다. 이즈음 평년기온이 영하 50℃ 정도이니까 평년보다 무려 40℃ 가까이나 기온이 오른 것입니다. 그러다보니 남극대륙에서 빙하가 녹아 고도가 가장 빨리 낮아지는 지역은 매년 20cm씩 얼음 고도가 낮아지고 있습니다.

미국 항공우주국은 매일 100m³인 얼음 400여 개씩 사라지고 있다면서, 빙하가 녹는 속도는 지난 30년에 비해 6배나 빨라졌다고 밝혔습니다. 남극 빙하가 다 녹게 되면 해수면이 56m 상승하면서 서울을 포함한 수도권 대부분이 물에 잠기게 됩니다.

🌡️ 25년간 남극 빙하가
3조 톤 넘게 녹아내렸습니다

지구온난화 영향으로 해수 온도가 오르고 눈이 적게 오면서 새로 생기는 빙하보다 바닷물에 녹아 없어지는 빙하가 더 많아지고 있습니다. 지난 25년간 남극에서 3조 톤이 넘는 빙하가 녹아내렸다는 연구결과가 나왔습니다. 영국 리즈대학교 지구환경대학원의 벤자민 데이비슨(Benjamin Davison) 교수연구팀은 '대규모 이상 적설이 불러 일으킨 서남극 얼음 대량 손실과 그로 인한 해수면 상승'이라는 논문을 발표했습니다.[5] 연구팀은 1996년부터 2021년까지 남극 서쪽 해역인 아문센해의 '표면 질량 균형'이 얼마나 맞춰지고 있는지를 계산해봤습니다. 여기서 '표면 질량 균형'이란 빙하에 내린 눈이 얼면서 면적이 늘어나는 양과 빙하가 바닷물에 녹는 양이 균형을 이룬 상태를 뜻합니다.

계산을 해본 결과, 25년간 표면 질량 균형이 어긋나면서 3조 3천억 톤 안팎의 빙하가 녹았고 해수면이 약 9.2mm 상승한 것으로 나왔습니다. 얼음 3조 톤을 서울 땅에 쌓아 올리면 높이 약 6km에 이르는 거대한 얼음산을 만들 수 있습니다. 연구팀의 데이비슨 교수는 "지난 25년 사이 서남극해에 있는 20개의 빙하가 엄청나게 녹아내렸다. 이젠 빙하가 녹은 경향이 바뀌는 징후는 보이지 않는다"라며 지구 기후에 엄청난 영향을 줄 것으로 전망했습니다.

 반기성 센터장의 꿀팁

지구기온 상승을 막아주는 곳이 남극빙하인데, 2023년에는 기후변화로 인해 역대 가장 많은 남극해의 빙하가 녹았습니다. 남극빙하가 다 녹게 되면 해수면이 56m 상승하면서 서울을 포함한 대부분의 수도권이 물에 잠기게 됩니다.

산악 빙하의 역할은 무엇이고,
상황이 어떤가요?

산악 지역에 있는 산악 빙하는 기후변화를 저지해주고 산악 아래 지역에 식수를 공급해주는 매우 중요한 역할을 하고 있습니다. 전 세계의 높은 산맥에는 만년설이 만든 빙하가 있습니다. 히말라야산맥의 빙하가 사라지면 이곳 빙하가 녹은 물을 식수로 사용하는 나라인 중국, 인도, 파키스탄, 네팔, 부탄 동남아 국가 등 16개 국가가 직접적인 물 부족을 겪게 됩니다.

페테리 탈라스 세계기상기구 사무총장은 "중국의 많은 강에 물을 공급하는 히말라야산맥의 빙하 대부분은 금세기 말에 사라질 것이다"라고 말하면서 기후변화를 저지해야 한다고 말합니다. 남극과 북극 빙하가 사라지는 속도보다 산악 빙하가 녹는 속도가 빠를 정도로 심각하다는 것이지요.

히말라야산맥의 빙하가
심상치 않습니다

산악 빙하 중 가장 빙하부피가 큰 히말라야산맥의 빙하가 빠른 속도로 녹고 있습니다. 2023년 6월, 국제통합산악개발센터(ICIMOD)는 최근 히말라야의 빙하가 녹는 속도가 점점 빨라지고 있다며 '히말라야산맥의 빙하가 2100년이 되면 약 80%가 녹아 사라질 수 있다'라는 보고서를 공개했습니다.[6]

이 보고서의 내용은 매우 충격적입니다. 파리협약에서 제한한 1.5℃ 또는 2℃만 상승할 때는 세기말까지 빙하의 30~50%가 사라집니다. 그러나 지금으로서는 3℃ 정도 상승할 것으로 예상하는데 이 경우 동부 히말라야의 빙하가 75% 사라지고, 만약 4℃가 상승하는 경우에는 빙하의 80%가 사라질 것이라는 거지요. 빙하의 녹는 속도가 심각한 것은 시간이 갈수록 빙하 녹는 속도가 빨라진다는 겁니다. 연구팀은 히말라야의 빙하가 녹는 속도가 2000년대에 비해 2010년대에 65%나 빨라졌다고 합니다.

미국 로렌스버클리국립연구소(LBNL)와 미시간대학교 등의 공동연구팀은 2023년 8월에 '히말라야 지역에 기후변화로 눈보다 비가 더 많이 내린다'라는 연구결과를 발표했는데,[7] 세계에서 가장 높은 산으로 해발 8848.86m인 에베레스트산에 비가 내린다는 겁니다. 상식적으로 이 고도라면 눈이 내려야 정상입니다. 그런데 무언가 심상치 않습니다. 2023년 6월 1일부터 8월 10일까지 에베레스트산의 강수량은 245.5mm였는데, 이 가운데 75%는 비였습니다. 2021년과 2020년의 동기간에 강수량 중 비가 차지하는 비율이 43%, 41%였고, 2022년에도 비가 차지하는 비율은 32%였습니다. 엘니뇨의 영향을 받으면서 2023년 여름에는 비의 양이 급격히 늘어나면서 더욱 많은 빙하가 녹은 것입니다.

안데스산맥과 알프스산맥도 빙하가 많이 녹았습니다

2023년 8월에 극심한 폭염으로 남미에 있는 안데스산맥의 많은 빙하와 눈이 녹았습니다. 도대체 그곳에 무슨 일이 벌어진 걸까요?

사실 말이 안 되는 것이 남미는 6월에서 8월이 한겨울입니다. 그런데도 안데스산맥 기온이 37℃까지 치솟으면서 전 세계 기후과학자들이 깜짝 놀랐습니다. 안데스산맥만 아니라 남미의 해발 1000m 이상 고도에 있는 수십 개의 기상관측소에서 전부 35℃ 이상을 기록했습니다. 특히 칠레를 중심으로 하는 안데스산맥 쪽으로는 기온이 매우 높았습니다. 남미의 기후과학자들은 남반구가 여름에 가까워지면(12~2월) 더 나쁜 상황이 닥칠 수 있다고 당시 예상했는데, 2024년 3월에 이례적인 높은 온도가 나타나고 있습니다.

유럽의 알프스산맥도 빙하가 많이 녹아내렸습니다. 2023년 초에 유럽의 이상고온 현상으로 빙하와 눈이 녹으면서 알프스산맥의 많은 스키장이 문을 닫았습니다. 그리고 2023년 9월에 빙하가 녹으면서 37년 전에 실종되었던 한 산악인의 유해가 발견되었다는 뉴스가 있었습니다. 7월 27일 스위스 남부 발레주(州) 경찰은 "남부 체어마트의 마터호른 정상 부근 테오돌 빙하에서 등산객들이 발견한 유해가 1986년 9월 실종된 독일 산악인으로 확인되었다"라고 밝혔습니다. 등산객의 시체가 발견된 테오돌 빙하는 한여름에도 스키를 탈 수 있을 정도로 매우 유명한 빙하였지만 2024년 기준, 빙하량이 줄어들어 2022년 여름에는 스키장 운영이 중단되었지요.

스위스 국립기후서비스센터(NCCS)는 "2022년의 스위스 빙하량은 1850년의 40%밖에 되지 않는다. 이것은 스위스의 기온 상승이 세계 평균보다 2배 이상 빠르게 상승한 영향이다"라고 밝혔습니다.[8] 세기말이면 알프스의 빙하가 사라질 것이라고 하는데, 산악 빙하가 많이 녹게 되면 기후변화가 더 가속화되어 많은 인류가 사용하는 식수가 사라지고, 해수면이 상승하고, 끔찍한 빙하홍수가 발생하게 됩니다. 기후변화를 막기 위한 노력이 정말 간절히 필요합니다.

 반기성 센터장의 꿀팁

기온이 상승하면서 전 세계 산악에 있는 빙하가 빨리 녹고 있습니다. 특히 히말라야 산맥의 빙하가 다 녹게 되면 중국 인도 등 16개 나라에서 20억 명 이상이 물 부족에 시달리게 됩니다. 현재 예상으로는 세기말이면 산악 빙하의 80%가 녹아서 사라질 수 있다고 합니다.

바닷물이 욕조 온도만큼
뜨거워진 원인은 무엇인가요?

사람들은 바다 온도가 매우 적게 상승한 데 비해 바다가 엄청난 양의 대기열을 흡수하고 있다는 것을 이해하지 못하는데, 직접 실험을 해보면 이해하기가 쉽습니다. 난로에 냄비 2개를 올려놓는데, 하나는 물이 있고 하나는 물이 없게 합니다. 불을 켠 후 1분 정도 기다렸다가 물을 만지면 약간 미지근해지지만, 빈 냄비의 금속을 만지면 뜨거워 화상을 입게 됩니다. 이것은 물의 열용량이 금속의 열용량보다 훨씬 높기 때문입니다. 그러니까 물의 온도를 올리기 위해서는 엄청난 에너지가 필요하다는 겁니다.

전 세계의 바다는 지구온난화로 인해 과잉 발생한 열의 90%를 흡수해서 대기의 기온 상승을 막는 일을 합니다. 물론 그 과정에서 바다 온도는 올라갈 수밖에 없지요.

전 세계의 바다는
왜 뜨거워지고 있나요?

바다가 뜨거워지는 가장 큰 원인은 열과 이산화탄소가 과다 축적 되고 있기 때문입니다. 바다는 전 지구 표면의 71% 이상을 차지하는 데다가 엄청난 물이 있다 보니 대기의 열을 흡수하면서도 바다 온도 상승은 지난 세기 동안 평균 0.75℃ 상승했습니다. 그런데 바다의 표층 부분은 수십 년 전보다 약 24% 더 빠르게 따뜻해지고 있으며, 그 속도는 앞으로 더 빨라질 것으로 과학자들은 전망하고 있습니다.[9] 2022년에 수심 0~2,000m 바다에 흡수된 열량은 무려 11제타 줄(ZJ·10의 21제곱 줄)로, 히로시마 원자폭탄 1억 2,000만 개와 맞먹는 열량이었습니다.

최근 해수 온도가 상승하는 원인 중 하나가 엘니뇨인데, 엘니뇨보다 더 중요한 것은 지구온난화입니다. "인간이 초래한 온실가스 배출은 5년에서 10년마다 기후에 영구적인 엘니뇨 수준의 열을 추가하고 있다." 미국의 기후분석단체인 버클리 어스의 연구 과학자인 제크 하우스파더(Zeke Hausfather)가 한 말입니다.[10] 이처럼 최근 발생하는 기록적인 해수면 온도는 기후변화의 장기적인 추세 중 일부라고 할 수 있습니다.

그리고 바다 기온이 높아지는 가운데 '해양 열파'가 많은 해역에서 발생하고 있습니다. '해수 온도가 해당 시기에 해당 지역에 대한 이전 관측의 90%보다 높을 때'를 해양 열파로 정의하는데, 미국 국립해양대기청에 의하면 2023년 전 세계 바다의 44%가 해양 열파를 겪고 있다고 합니다. 이 수치는 1991년 이래 해양 열파를 경험한 전 세계 바다의 가장 높은 비율이기도 합니다.

2023년에 해수 온도가 급상승했습니다

바다의 수온이 2023년에 사상 최고치를 기록했습니다. 유럽연합 우주 프로그램의 코페르니쿠스 서비스센터는 1979년 이후 기록에서 2023년의 해수 온도가 가장 높았다면서 2023년 7월 31일에 전 지구 평균 해수 온도는 20.96℃를 기록했다고 밝혔습니다. "바다가 따뜻해지고 있다는 것은 기후변화 신호가 점점 빨라지고 있다는 것을 의미한다. 이것은 기후시스템에서 극단적인 날씨의 지속적인 증가, 즉 더 많은 폭염과 해양 열파, 이미 건조한 지역의 가뭄, 이미 습한 지역의 홍수, 극심한 바람 및 화재와 일치한다"라고 마이애미 대학의 벤저민 커트먼(Benjamin Kirtman) 교수는 말하고 있습니다.

2023년에 특히 해수 온도가 급격히 올라간 배경을 잘 알아야 합니다. 태평양의 엘니뇨의 영향도 있지만 화석 연료 연소와 다른 인간 활동으로 인한 온실가스의 추가 증가 없이는 이러한 해수 온도에 도달하는 것이 거의 불가능합니다.

미국 국립해양대기청은 2023년 7월에 미국 플로리다주의 남부 바다의 1.5m 깊이의 수온이 이틀 연속 38℃를 넘어서는 이상 고수온 현상을 관측했습니다. 기후학자들은 이 해수 온도가 뜨거운 욕조의 온도 수준이라면서 세계기록이 될 가능성이 크다고 봅니다. 미국항공우주국(NASA)은 2023년의 해수 온도의 급상승에 엘니뇨가 있다고 이야기하고 있습니다.[11]

전 세계 평균 해수면 온도는 비정상적으로 높은 수준을 유지하면서 2023년 4월부터 12월까지 연중 최고 기록을 경신했습니다. 아래 그림은 유럽 중기예보센터에서 발표한 표면 해수 온도 변화도입니다. 2023년 해수 온도는 가장 위의 실선이고, 아래쪽 선이 2020~2022년 평균 해수 온도입니다. 1979년 이후 최악으로 해수 온도가 상승했음을 알 수 있습니다.

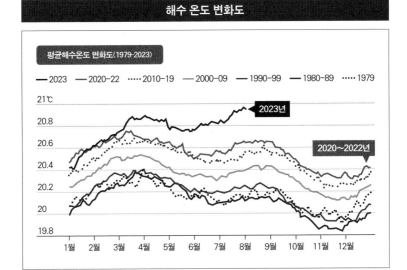

출처: ECMWF

우리나라의 경우 안타깝게도 해수 온도 상승이 가파른 지역에 속합니다. 국립수산과학원에 따르면 지난 53년 동안(1968~2020년) 전 세계 바다의 평균 수온은 약 0.53℃ 상승했습니다. 그런데 같은 기간 우리나라 수온은 1968년 16.1℃에서 2020년 17.4℃로 약 1.3℃ 정도 상승했습니다. 세계평균 수온보다 우리나라 수온이 2배 이상 상승한 것입니다.

2023년 11월의 우리나라 주변의 해수 온도를 보면, 동아시아해역은 평년(21.0±0.4℃)보다 1.0℃ 높아 역대 가장 높았습니다. 동해와 황해도 평년(13.2±0.5℃, 15.3±0.6℃, 22.7±0.5℃)보다 각각 2.0℃, 1.3℃ 높아 역대 11월 최고수온 기록을 경신했습니다. 우리나라 주변의 해수 온도 상승률이 세계평균보다 2배 이상 높다니 걱정이 되지 않나요? 바다 온도가 올라가면 우리가 상상하는 이상으로 큰 피해가 발생하게 되기 때문에 정말 안타깝습니다.

 반기성 센터장의 꿀팁

바다는 대기의 뜨거운 열을 흡수해 기온상승을 막아주는데, 이로 인해 바다온도는 계속 상승하고 있습니다. 지난 세기 동안 바다 평균온도는 0.75℃가 상승했습니다. 2023년에는 전 세계의 바다 44%가 해양열파를 겪을 만큼 바다온도 상승은 심각합니다.

질문 TOP 26

해수 온도가 계속 높아지면 어떤 일들이 생기나요?

▶ **저자 직강 동영상 강의로 이해 쏙쏙**
QR코드를 스캔하셔서 동영상 강의를 보시고
이 칼럼을 읽으시면 훨씬 이해가 잘됩니다!

바닷물 온도가 너무 높아지고 있습니다. 누군가 이렇게 바닷물 온도가 높아지면 무슨 좋은 일이 있느냐고 미항공우주국의 연구원에게 질문했습니다. 그랬더니 답변이 "해변에서 수영하는 시간이 약간 길어졌나요?"였습니다.[12] 이런 조크를 할 정도로 전문가의 눈으로 볼 때 바닷물 온도가 높아지면 거의 다 암울한 소식만 들려올 것이라는 거지요.

바다는 인류가 배출해낸 이산화탄소의 25% 이상을 흡수해주면서 기후변화를 저지해주는 역할을 해왔습니다. 그러나 더 많은 이산화탄소의 배출로, 산업화 이전에는 평균 8.2였던 해수의 pH는 2024년 8.1 아래로 낮아졌습니다. 0.1단위 변화는 매우 작아 보이지만 실제로는 산업화 이전 해수의 pH보다 무려 100배가량 산성화된 겁니다.

해수 온도 상승으로
바다 생태계가 파괴되고 있습니다

바닷물에 흡수된 이산화탄소(CO_2)는 물(H_2O)과 해수에 포함된 탄산이온(CO_3^{2-})과 반응해 중탄산염(HCO^{3-})을 만들어냅니다. 중탄산염을 만들기 위해 탄산이온의 소모가 늘어나게 되면 바닷물 속의 탄산이온이 감소합니다.

결국 탄산칼슘을 골격으로 하는 해양 생물 종의 석회질 분비를 어렵게 해서 골격 형성에 지장을 줍니다. 산호나 굴, 게, 바닷가재 등 탄산칼슘 골격 형성 생물군뿐만 아니라 식물성 플랑크톤, 해양 달팽이 등에도 영향을 미치면서 결국 전체 해양 생태계가 파괴되고 마는 겁니다.

물고기 개체 수는 특정 온도에 따라 달라지는데, 모든 물고기 종들은 선호하는 온도 범위와 치명적인 온도 범위를 가지고 있습니다. 만일 바닷물 온도가 높아지게 되면 물고기들은 더 깊은 곳이나 더 차가운 바다로 옮겨가게 됩니다. 그리고 해수 온도가 오차범위 이상으로 높아지면 물고기의 성장과 번식이 방해받고, 치사율이 높아지게 됩니다.

시애틀대학교의 로렌츠 하우저(Lorenz Hauser) 교수는 "따뜻한 물은 차가운 물보다 산소가 적지만 따뜻한 물에서 물고기의 대사 산소 요구량은 더 높다. 그런데 물이 따뜻해지면 주변에 먹이가 충분치 않을 수 있다"라고 말합니다.[13]

그런데 심각한 것은 해양 열파가 더 잦고 강하게 발생하면서 해양 생물의 대규모 멸종을 초래할 수 있는 경우입니다. 해양 열파는 해수 온도가 평년보다 극단적으로 높은 상태가 수일에서 수개월 동안 길게 지속하는 것으로, 해양 열파는 결국 산호초의 집단폐사를 불러옵니다.

2023년 영국과 아일랜드 해안 주변에 해양 열파가 발생해 해수 온도가 평년보다 5℃ 이상 높아지며 조개류 등이 폐사한 사진이 전 세계 언론에 소개되면서 큰 화제를 모은 적이 있습니다. 뜨거운 바닷물에서는 미생물이 잘 자라면서 해로운 조류가 발생하는데, 적조나 녹조 등의 독성조류 현상은 사람들이 배출한 물질과 함께 해수 온도가 오를 때 발생해 많은 해양 생물이 숨을 쉬지 못하게 만들어 폐사시키기도 합니다.

이상기후가 더 자주 발생하고, 지구온난화가 가속화됩니다

해수면 온도가 상승하면 바닷물에서 나오는 수증기량이 증가해 대기로 유입되면서 폭우, 폭설, 태풍 등 이상기후 현상이 더 자주 발생합니다. 특히 바닷물을 에너지원으로 하는 태풍이 더 자주 발생할 뿐만 아니라 그 위력도 강해집니다.

태풍의 경우 해수 온도가 27℃ 이상인 해역에서 발생합니다. 그

기후변화로 생긴 허리케인

이유는 해수 온도가 높아야 태풍이 발생할 수 있는 에너지를 공급하기 때문입니다. 슈퍼태풍의 경우 해수 온도가 30℃ 이상에서 발달하는 것도 이 때문입니다.

"지구상에서 가장 강력한 폭풍인 허리케인과 열대성 및 아열대성 저기압은 해수면 근처의 따뜻하고 습한 공기에서 많은 에너지를 추출한다. 더 뜨거운 바닷물은 더 따뜻하고 습한 공기를 의미하며, 더 많은 에너지를 방출해 더 강한 폭풍을 일으킨다"라고 미국 브라운대학교의 폭스 캠퍼(Fox Kemper) 교수는 말합니다.[14] 특히 태평양의 저위도 해역이나 대서양 허리케인 발달지역에서의 해수 온도 상승은 매우 중요하다고 합니다.

바다는 기후에 큰 영향을 미칩니다. 바다는 대기 중 열을 흡수하고, 지구에 존재하는 산소의 절반을 생산하며, 날씨 패턴을 만드는

데 크게 이바지합니다.

바닷물이 따뜻해지면 꼭 미지근한 콜라에서 김이 빠지듯 이산화탄소 흡수율도 떨어집니다. 게다가 바닷물은 염기성이 높을수록 이산화탄소를 잘 흡수하는데, 온도가 상승하면 염도가 높은 바닷물은 심해로 밀려나고 표면에 염도가 낮은 바닷물이 자리하면서 이산화탄소 흡수력이 저하됩니다. 결국 대기 중에 이산화탄소가 더 많아지면서 지구온난화는 더욱 가속됩니다.

또한 구름에 공급되는 수증기량이 늘어나 강수량이 많아지게 되는데, 이것은 바다의 염도를 낮춰 바다가 조금만 햇볕을 받아도 더 빨리 수온이 상승하게 만듭니다. 결국 바다 수온이 올라가면 기온이 상승하고, 기온이 상승하면 다시 바다 수온이 올라가는 악순환이 반복되는 것입니다.

 반기성 센터장의 꿀팁

공기 중에 배출된 이산화탄소를 바다가 흡수하다 보니 바닷물이 산성화되고 있습니다. 산업화 이전보다 해수의 산성도는 100배 이상 높아졌습니다. 이럴 경우 많은 해양 생물이 살기 어려워집니다. 또한 뜨거워진 바다는 많은 에너지를 배출해 태풍이 더 강력하게 만듭니다.

해수면이 계속 상승하면 어떤 일들이 생기나요?

지질시대를 구분하면서 역사상 처음으로 인류가 만들어낸 심각한 기후변화로 인해 현대 시대를 인류세(Anthropocene)로 부르고 있습니다. 일부의 기후학자들은 이 시대가 규모나 강도, 지속시간이 급격히 증가하는 대형산불이 특징이라면서 불의 시대에 들어섰기 때문에 파이로세(Pyroxene)라고 하자고 합니다.

그렇다면 인류가 만들어낸 기후변화로 인해 해수면 상승이나 해수 온도 상승, 대홍수 등 물의 시대라는 아쿠아세(Aquacene)라고 하면 어떨까요? 수많은 사람이 물의 변화로 인해 엄청난 피해를 보고 사는 곳에서 쫓겨나고 있으니 말입니다.

🌡️ 바닷물 높이가
얼마나 빨리 오르고 있나요?

해수면 상승이란 해수의 증가 또는 지역적인 구조적 움직임에 의해 해수면이 상대적으로 상승하는 현상을 말합니다. 전 세계 해수면은 20세기 동안 평균 15cm 상승했습니다. 해수면은 연간 3.3mm의 빠른 속도로 상승하고 있으며, 산업혁명 이전보다 이는 거의 2배나 빠른 속도입니다.

과학자들은 지구온난화가 2℃ 상승으로 제한된다면 세기말까지 전 세계적으로 해수면이 최대 60cm 이상 상승할 것으로 예상합니다. 만일 기온 상승이 2℃를 넘으면 해수면 상승은 훨씬 더 높아질 것으로 보고 있습니다.[15]

그런데 지금 당장 탄소 배출량을 '제로(0)'로 떨어트린다고 해도 지구의 뜨거운 기온과 해양의 열 함량으로 인해 해수면은 계속 상승할 것이라고 합니다. 바다는 탄소배출 때문에 대기에 갇힌 열의 90% 이상을 흡수하며, 수 세기 동안 계속해서 과도한 열을 흡수할 것이기 때문입니다.

세계기상기구는 연례기후보고서에서 지난 8년이 역사상 가장 더웠으며, 지난 10년 동안 해수면 상승 추세가 1990년대의 2배를 넘었다고 밝혔습니다. 1990년대에는 해수면이 매년 2.1mm씩 상승한 데 비해, 최근 10년에는 1년에 4.4mm, 2020년 이후에는 1년에 5mm 높아졌다고 분석했습니다.[16] 우리가 생각하는 이상으로 빠르게 바닷물의 높이가 오르고 있습니다.

IPCC 6차 보고서에 따르면 세기말에 탄소를 최대한 줄일 때는 최대 55cm 상승할 것이며, 현재같이 탄소를 배출하면서 살 때 최대 1.01m 상승할 것으로 예상했습니다.[17] 보고서는 지구 평균 해수면 높이는 세기말까지 계속 상승할 것이 거의 확실(virtually certain, 99-100%)할 것으로 보았습니다. 왜냐하면 지구 평균 해수면 높이에 영향을 미치는 모든 요인이 이번 세기 동안 계속해서 영향을 미칠 것이 거의 확실하기 때문입니다.

 ## 왜 해수면이
상승하고 있는 건가요?

해수면 상승의 가장 큰 원인은 2가지입니다. 바닷물 온도가 오른다는 것과 빙하가 녹고 있다는 것입니다.

첫 번째 이유는 바닷물 온도의 상승입니다. 지구는 산업혁명 이후 기온이 계속 상승해왔는데, 이에 바다 온도도 0.76℃ 이상 따뜻해졌습니다. 따뜻한 물은 부피가 팽창하기 때문에 더 많은 공간을 차지하면서 해수면 상승을 가져옵니다.[18]

두 번째 이유는 전 세계의 빙상과 빙하가 녹으면서 해수면이 상승했기 때문입니다. 세계에서 두 번째로 큰 그린란드 빙상은 2003년에 비해 4배나 더 빨리 녹고 있으며, 2024년 기준 해수면 상승의

20%를 차지하고 있습니다. IPCC는 세기말까지 그린란드가 전 세계 해수면의 높이를 최대 27cm 높일 것으로 보고 있으며, 남극의 얼음이 녹으면서 최대 28cm가 더 높아질 것으로 보고 있습니다.

이 2가지 외에 해수면 상승의 또 다른 원인은 자연적인 지질학적 과정과 함께 대수층에서 물을 퍼 올리는 인간들의 행위로 인해 육지가 가라앉는 요인도 있습니다. 예를 들어 멕시코만은 해수면 상승이 매우 빠른데, 이 지역은 과도한 석유와 물을 퍼올리는 바람에 육지가 가라앉으면서 해수면이 상승하는 것입니다.

 남태평양 섬나라 국가들이 가장 먼저 바다에 가라앉았습니다

해수면 상승의 피해에 대해 우리가 잘 알고 있는 나라들이 남태평양에 있는 작은 섬나라들입니다. 알래스카 크기의 넓은 바다에 흩어져 있는 많은 섬에서 살아가는 나라들로, 평균 해발고도보다 겨우 1.98m 높은 나라들입니다. 현재 예상대로 세기말에 1m 이상 해수면이 상승하게 된다면 높은 곳을 제외한 모든 섬이 물에 잠겨버리게 됩니다.

2015년 파리기후협약 때 지구 기온 상승을 2℃로 제한하자고 했습니다. 그러나 당시 남태평양 국가들의 대표단이 "2℃ 상승하게 되면 우리나라는 다 물에 가라앉게 된다. 1.5℃ 상승으로 제한해달라"

고 호소한 적이 있었습니다.

　해수면 상승을 가장 보수적으로 예상한다고 해도 1900년부터 2024년까지 해수면이 이미 20cm 이상 상승했고, 2050년 탄소 중립을 달성해도 2100년까지 최소 40cm 더 올라가게 됩니다. 이 정도만 해수면이 상승해도 해발고도가 1~3m인 태평양 섬나라에는 '종말 선고'가 내려지는 셈입니다. 너무나 안타깝지만 이 또한 '정해진 미래'라고 할 수 있으며, 이러한 추세대로 라면 우리나라 부산의 해운대 백사장도 사라지게 될 겁니다.

 반기성 센터장의 꿀팁

기온이 오르면서 대륙빙하가 많이 녹게 되면 바닷물이 상승하게 되고, 바닷물 온도가 뜨거워지면 부피가 팽창하면서 해수면이 올라갑니다. 현재 남태평양 섬나라 국가나 저지대 국가는 해수면 상승으로 인해 직접적인 피해를 입고 있습니다.

질문
TOP
28

인류는 해수면 상승에
어떻게 대처해야 하나요?

▶ **저자 직강 동영상 강의로 이해 쑥쑥**
QR코드를 스캔하셔서 동영상 강의를 보시고
이 칼럼을 읽으시면 훨씬 이해가 잘됩니다!

남태평양의 섬나라 키리바시의 경우 피지 북섬에 땅을 사서 식량공급처로 이용하고 있으며, 29개의 섬으로 이루어진 마셜제도의 경우 국민들이 미국으로 이주하고 있다고 합니다. 마셜제도 정부 조사에 따르면 2021년 인구는 약 4만 3,000명으로, 지난 10년 사이 20% 줄었는데, 줄어든 사람들은 미국으로 이주한 사람들이라고 합니다.

원래 살던 땅을 떠나 다른 곳으로 이주하는 것은 바로 해수면 상승 때문입니다. 2023년에 발표된 IPCC 6차 보고서에서는 빙하가 녹고 지구온난화로 인해서 해수면이 계속 높아졌는데, 미래에는 해수면이 더욱 상승하면서 더 많은 지역이 침수되고 강한 폭풍 피해가 발생할 것으로 예측했습니다. 인류가 해수면 상승에 대처하기 위해 다른 곳으로 이주하는 방법 말고 어떤 방법이 있을까요?

제방을 높이 쌓아 올려
해수면 상승 피해를 막습니다

덴마크의 경우는 인공반도를 만들어 해수면 상승 피해를 막겠다는 프로젝트를 2023년에 시작했습니다. 코펜하겐은 운하가 길게 가로지르고 있어 물난리가 자주 일어나는데, 기후위기로 운하의 범람이 예상되자 2020년 정부가 방파제 역할을 할 인공반도 건설을 구상했습니다. 인공반도는 대륙에서 바다로 돌출해 3개 면이 강이나 바다에 둘러싸인 육지를 말합니다. 덴마크가 구상하는 인공반도는 축구장 약 370개에 해당하는 면적으로, 3만 5,000가구를 수용할 수 있습니다. 앞으로 약 3조 5,000억 원을 투입해 방파제 역할을 해줄

해수면이 상승하면 차단벽이 올라가는 모세 모형도

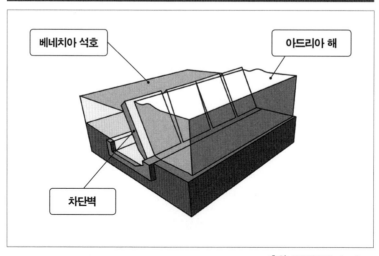

베네치아 석호

아드리아 해

차단벽

출처: WATER Technology

인공반도 건설을 구상한 것입니다. 해일을 막기 위해 인공반도에 제방을 쌓고 가장자리엔 인공 해안선을 만들어 파도 에너지를 흡수하고 분산시키는 방법입니다.[19]

미국의 뉴저지주의 애틀랜틱시티는 해수면이 상승하면서 도시가 물에 잠기기 시작했습니다, 이에 시 정부는 2016년부터 방파제, 펌프, 격벽을 설치하는 데 약 1,400억 원을 투입했습니다. 방파제를 높이 쌓고, 펌프장은 해안으로 밀려온 바닷물을 바다로 다시 밀어내는 역할을 합니다.

해수면 상승과 홍수를 막기 위해 이탈리아 정부는 약 8조 원을 들여 베네치아에 홍수 예방시스템 모세(MOSE)를 만들었습니다.[20] 베네치아 석호 입구에 설치된 모세는 78개 인공 차단벽으로 구성되어 있습니다. 평상시에는 바닷속에 잠겨 있다가 해수면이 상승하면 공기 주입으로 방벽을 일으켜 세워 아드리아해의 물이 못 들어오게 막는 역할을 합니다.

 땅이나 건물의 높이를 올려서 해수면 상승 피해를 막습니다

독일 함부르크는 하펜시티(HafenCity) 프로젝트를 수행하고 있습니다.[21] 제방을 높이 쌓는 대신 원래의 해발 5.5m 토지 높이를 2m 더 올리는 방법입니다. 이 방법을 사용해서 해수면 상승이나 폭풍 해일을 대비하고, 홍수 피해도 줄이겠다는 겁니다.

독일 함부르크가 수행중인 이 프로젝트는 1,587km² 항구 용지에 7,500채의 주택과 45,000개의 일자리를 만드는 사업입니다. 모든 건물은 인공 암반 위에 세워지며, 도로와 다리도 해발 7.5~8.5m 이상인 홍수 방지 높이로 만들기 때문에 폭풍 해일 시에도 교통과 일상 생활이 중단되지 않도록 계획하고 있습니다.

덴마크 코펜하겐은 2,016km² 부지에 최대 8만 명이 들어갈 주택과 사무실로 재개발하는 노르드하운(Nordhavn) 프로젝트를 진행중입니다. 이 프로젝트에서는 방파제를 높이는 대신 건물 기초를 높이고, 빗물 통로 역할을 하는 녹지 공간을 설치합니다. 사용 자재를 철재보다 암석을 많이 사용해 탄소 발자국을 크게 줄이는 계획으로, 이곳에 새로 지어지는 건물은 탄소 배출량을 인증받아야 합니다.

물 위에 떠 있는 도시나 건축물로 대응하는 방법

세계에서 지표면이 가장 낮은 섬나라는 몰디브인데, 이 나라는 IPCC 예상대로 세기말에 1m 이상 해수면이 상승하면 나라 전체가 물에 잠깁니다. 그래서 몰디브 정부는 바다 밑으로 가라앉기를 기다리기보다 스스로 떠오르길 택했습니다. 이것이 혁신적인 수상 도시인 '몰디브 플로팅 시티(Maldives Floating City)'로 2027년에 완공됩니다.

해저에서 강철로 연결된 약 5,000개의 '부유 구조물'을 띄우는 프로젝트로, 2만 명을 수용할 수 있고 주택, 상점, 학교도 들어섭니다.

현재 미국이나 사우디아라비아, 러시아 등도 수상 도시 건설을 추진하고 있습니다. 우리나라도 부산시에 수상 도시를 만들 계획입니다. 유엔 해비타트(UN-HABITAT, 인간 정주계획)가 추진 중인 현대판 '노아의 방주' 해상도시 연구 및 건설에 부산시가 선정되어 양해각서가 작성되었습니다. 유엔 해비타트는 지속 가능한 도시발전을 만드는 유엔 산하 기구인데, 이들은 해안지대에 거주하는 전 세계 인구 30%(24억 명)가 침수 위험에 노출되어 있다고 판단합니다. 이를 대비하기 위해 수상 도시를 건설합니다.

수상 도시는 높은 파도나 태풍 등을 견딜 수 있게 설계됩니다. 선박처럼 다른 곳으로 이동할 수 있으며 에너지와 물, 식량 등도 원활히 공급받을 수 있습니다. 환경을 훼손하지 않는 자원 재활용이 가능한 도시입니다. 수상 도시는 해양 생태계 오염을 최소화하는 친환경 기술로 세워지기에 미래 해수면 상승의 좋은 대안이라고 할 수 있습니다.

 반기성 센터장의 꿀팁

> 해수면이 상승해 살고 있는 곳에 바다가 차면 살 수가 없기 때문에 다른 나라로 이주해 나가기도 합니다. 제방을 높이 올려 피해를 막는 나라도 있습니다. 땅이나 건물의 높이를 올려서 피해를 막는 나라도 있습니다. 최근에는 물 위에 떠 있는 도시나 건축물로 대응하고 있습니다.

많은 과학자는 여섯 번째의 대멸종으로 진행하고 있다고 말 합니다. 룩셈부르크 국립자연사박물관 연구팀은 전 세계에서 멸종 위기에 처한 동식물이 200만 종에 달한다고 경고했고, 버드라이프(Bird Life)는 전 세계 새들의 49%가 사라졌다고 경고했습니다. 한 연구에서는 해양 생물의 86.7%가 멸종 위험에 처해 있다고 경고합니다. 우리 주변의 산호나 벌도 사라지고 있는데, 기후변화 외에도 인간이 만든 환경오염으로 인해 생태계가 죽어가고 있습니다.

5

기후변화는
지구 생태계의
멸종을 부릅니다

여섯 번째의 대멸종이
정말로 다가오고 있나요?

"인간 활동, 화석 연료 소비, 해양 산성화, 오염, 삼림 벌채, 강제 이주는 모든 종류의 생명체를 위협합니다. 산호, 민물 연체동물, 상어와 가오리의 3분의 1, 모든 포유류의 4분의 1, 모든 파충류의 5분의 1, 모든 조류의 6분의 1이 멸종을 향해 가고 있는 것으로 추정됩니다."

퓰리처상 수상자인 엘리자베스 콜버트(Elizabeth Kolbert)가 쓴 책『여섯 번째 대멸종(The Sixth Extinction, 2015)』에 나오는 말입니다. 이후 과학계는 '여섯 번째 대멸종'에 대해 논의하고 연구하기 시작했습니다.

이전의 다섯 번의 지구 대멸종은 지난 4억 5천만 년 동안 주로 운석과 화산폭발로 인해 발생했습니다. 그러나 여섯 번째 멸종은 인간과 관련이 있다고 과학자들은 말합니다.

🌡️ 지금까지 다섯 번의 대멸종이 있었습니다

지구가 진화하는 동안 발생한 재앙적인 사건들 때문에 지구상에 존재했던 동물들의 99.9%가 멸종되었다고 추정합니다. 이를 대멸종이라고 부릅니다. 지금까지 지구는 재앙적인 사건들로 인해 다섯 번의 대멸종을 경험했습니다.

첫 번째 대멸종은 약 4억 4천만 년 전인 오르도비스기-실루리아기 대멸종으로, 전체 생물 종 중 85% 정도가 사라졌습니다. 가장 유력한 대멸종 원인으로는 오르도비스기가 끝날 무렵 기온이 급격히 떨어지고 대륙과 바다가 얼음으로 뒤덮이는 등의 기후변화였지요.[1]

두 번째 대멸종은 약 3억 6,500년 전인 데본기 후기에 일어났습니다. 식물이 번성하면서 영양이 풍부한 토양이 바다로 흘러가 유해조류(적조, 녹조)가 발생했는데, 조류들이 바다의 영양과 산소를 차단해 해양 생물이 대멸종에 이르렀지요.

세 번째 대멸종은 2억 5,300만 년 전인 페름기-트라이아스기에 일어났습니다. 해양 생물 96%, 육지 생물 70%가 멸종한 것으로 추정되지요. 대규모 화산폭발로 인해 발생한 이산화탄소가 지구대기를 뜨겁게 만드는 등 1천만 년 동안 기후변화가 이어지면서 대멸종을 유발했다는 가설이 유력합니다.

네 번째 대멸종은 2억 100만 년 전인 트라이아스기-중생대 쥐라기에 일어났습니다. 화산폭발로 인한 지구온난화와 함께 소행성의 충돌로 육지 생물 80%, 해양 생물 20% 정도가 멸종했지요.

다섯 번째 대멸종은 6,500만 년 전인 백악기-고생대에 일어났는데, 모든 생물 종의 약 75%가 멸종되었습니다. 멕시코 유카탄반도에 떨어진 소행성 충돌로 인해 기온이 떨어지면서 빙하기가 찾아왔고, 당시 살던 공룡류가 사라졌습니다.

 ## 여섯 번째의 대멸종이
다가오고 있습니다

이제는 인간이 초래한 여섯 번째의 대멸종이 다가오고 있다고 기후학자들은 말합니다. 미국 스탠퍼드대학교의 션 커밍스(Sean Cummings) 교수는 2023년 9월에 〈인간이 주도한 대량 멸종은 생명 나무의 전체 가지를 없애고 있다〉라는 논문을 통해 여섯 번째의 대멸종이 진행되고 있다고 말합니다.[2] 그의 연구진이 내놓은 속(genus) 수준의 대량 멸종에 대한 새로운 분석은 인간 사회에 막대한 잠재적 해를 끼칠 수 있는 '생명 나무의 훼손'을 발견했다는 의의가 있습니다. 다음 페이지의 그림에서 최하위 범위가 종이 되고, 속은 그 상위 계급입니다.

태즈메이니아 호랑이, 양쯔강 돌고래인 바이지(Baiji)들은 인간에 의해 희생된 여섯 번째의 대멸종의 증거라고 말합니다. 지금까지 과학자들은 속보다는 종의 멸종에 관심이 있었는데, 미국 스탠퍼드대

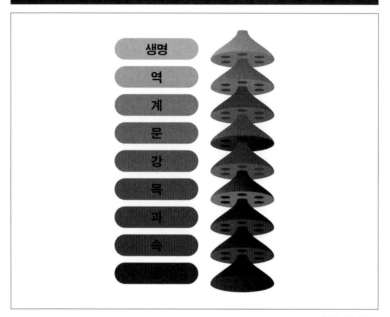

생명
역
계
문
강
목
과
속

출처: 위키백과

학교의 폴 에를리히(Paul Ehrlich) 교수는 새로운 연구에서 종보다는 전체 속[genera, '속(genus)'의 복수형]이 '생명 나무의 훼손(mutilation of the tree of life)'이라고 부르는 방식으로 사라지고 있다는 사실을 발견합니다. 에를리히 교수는 육지에 사는 척추동물의 73개 속(genera)이 서기 1,500년 이후 멸종했으며, 조류는 44개의 속(genus)이 멸종되어 가장 큰 손실을 보았고, 포유류, 양서류, 파충류가 그 뒤를 이었다고 말합니다.

미국 캘리포니아대학교 버클리의 앤서니 바노스키(Anthony Barnosky) 교수가 추정한 포유류의 역사적인 속 멸종률에 따르면,

2024년 척추동물 속 멸종률은 지난 100만 년 동안의 멸종률을 35배나 초과합니다. 이것은 인간의 영향이 없었다면 지구는 그 기간에 단지 두 개의 속(genera)만을 잃었을 가능성이 크다는 것을 의미하지요. 겨우 5세기 동안 인간의 행동은 18,000년이 걸렸을 속의 멸종을 불러왔는데, 이들은 이를 '생물학적 절멸'이라고 부릅니다.

에를리히 교수는 "기후 붕괴는 멸종을 가속하고 있으며, 멸종은 기후와 상호 작용하고 있다"라며 "여섯 번째의 지구 대멸종은 기후변화와 인간의 개입이 가져올 것"이라고 말합니다. 우리가 모두 기후변화를 막고 생물 다양성 보호를 위해 애쓸 때 인류가 지구에서 살아갈 수 있게 되겠지요.

 반기성 센터장의 꿀팁

지구는 지금까지 자연적인 사건으로 인해 다섯 번의 대멸종을 경험했습니다. 최근에는 기후변화와 환경파괴로 인해 여섯 번째의 멸종이 다가오고 있다고 과학자들은 말합니다. 한 연구에 따르면 현재 척추동물의 멸종률은 지난 100만 년 동안의 멸종률을 35배나 초과했다고 합니다.

전 세계의 동식물이
얼마나 사라지고 있나요?

우리 주변에 있는 동물이나 곤충, 나무가 없어지면 사람은 살아갈
수 있을까요? 지구는 서로가 연결되어 서로를 필요로 하는 곳입니
다. 그래서 한 생태계가 사라지면 다른 생태계도 위험해지고, 결국
인류도 위험해지는 것입니다.

  그런데 우리 주변에 있는 동식물들이 멸종 위기에 처해 있다고 합
니다. 인간은 주위 생명체들을 포함한 다양한 자연과 대기·강물·바
다와 같은 환경과 떼려야 뗄 수 없는 관계들을 맺으며 살아갑니다.
그런데 여기저기서 생명체들이 사라지게 되면 우리 인간의 삶도 황
폐해지지 않을까요?

멸종 위기 동식물이
4년 사이 2배로 급증했습니다

룩셈부르크 국립자연사박물관 등의 연구팀은 2023년 11월 과학 저널 〈플로스 원(PLOS ONE)〉에 전 세계에서 멸종 위기에 처한 동식물이 200만 종에 달하는 것으로 추정된다는 연구 결과를 게재했습니다.[3] 정말 충격적인 내용의 연구결과입니다.

연구팀은 세계자연보전연맹(IUCN) '적색목록'에 등록된 유럽 내 척추동물, 무척추동물, 식물 등 1만 4,669종을 분석했습니다. 참고로 '적색목록'은 지구 생물 종의 멸종 위기 상황을 평가하는 보고서를 말하는데, 여기 등재된 동식물 1만 4,669종은 유럽 대륙, 담수, 바다에서 발견되는 전체 동식물의 10%에 해당합니다.

그랬더니 이들이 분석한 개체 수 중 19%가 멸종 위기에 처해 있다고 합니다. 종 분류로 보면 식물 27%, 무척추동물 24%, 척추동물 18%가 멸종 위기였습니다. 연구팀은 이 수치를 토대로 하면 전 세계에서 멸종 위기에 처한 동식물은 2019년 UN이 발표했던 100만 종이 아닌 200만 종으로 늘어난다고 주장합니다.

이들이 유럽 동식물 연구로 전 세계 멸종 위험을 예측할 수 있었던 것은 분석 데이터를 통해서인데, 자료에 의하면 멸종 위험이 지역 차이에도 불구하고 매우 유사하더라는 것이지요. 예를 들어 잠자리목은 유럽에 한정해 적색목록에 오른 비율과 글로벌 적색목록에 등재된 비율이 각각 15.7%, 16.1%로 비슷했고, 조류도 각각 13.2%,

12.6%로 큰 차이가 없었습니다. 이처럼 동식물이 멸종 위기에 처하는 주요 원인은 농업 확대, 천연자원 착취, 환경오염 등의 인류의 활동으로 인한 기후변화입니다.

 ## 전 세계 야생동물의 69%가
50년 만에 사라졌습니다

지난 50여 년 동안 전 세계 야생동물의 3분의 2가 사라졌는데, 세계자연기금(WWF)은 인류의 무분별한 서식지 파괴, 자원남용, 기후변화로 인해 야생동물들이 살아갈 터전이 줄기 때문이라고 합니다. 세계자연기금(WWF)이 런던 동물학회(ZSL)와 함께 발간한 '2022년 지구 생명보고서(2022' Living Planet Report)'에 따르면, 전 세계 포유류·조류·양서류·파충류·어류 등 척추동물 5,230종을 대표하는 3만 1,821개 개체군의 규모가 1970~2018년 사이에 69% 감소했다고 발표했지요.[4] 이 수치는 우리가 알고 있는 야생동물의 개체 수가 매년 2.5%씩 줄어들고 있는 겁니다.

세계자연기금은 남미 아마존강과 오리노코강에 사는 세계적 희귀 동물인 아마존 강돌고래 '보토' 가운데 브라질 마미라우아 보호구역에 서식하는 개체군의 규모가 20여 년간(1994~2016년) 65% 감소했다고 밝혔습니다. 콩고민주공화국 카후지-비에가 국립공원에 사는 동부 저지대 고릴라 역시 25년 사이(1994~2019년) 개체 수가 80%나 줄

었다고 밝혔습니다,

　가장 많은 개체 수가 사라진 지역은 중남미와 카리브해 등 열대 지역이었습니다. 이 지역에서는 1970년 이후 개체군 규모가 무려 94% 감소하면서 거의 멸종 수준으로 접근했습니다. 또한 아프리카에서 66%, 아시아태평양 지역에서 55%로 많은 개체수가 줄어들었습니다. 북미는 20%, 유럽과 중앙아시아는 18% 개체 수가 감소했다고 합니다.

　동식물 중에서 담수 생물의 감소세가 가장 심각했습니다. 인간의 무분별한 포획으로 전 세계 담수 생물 개체 수 규모는 83%가 줄어들었는데, 이것은 세계 인구의 50% 이상이 담수로부터 반경 3km 이내에 살면서 담수생물을 수익원으로 삼아 삶을 이어가고 있기 때문입니다.

　또한 산란과 월동을 위해 강과 바다 사이를 오가는 회유성 어종도 76%나 감소했습니다. 이 가운데 절반은 서식지 감소와 이동 경로를 막는 구조물에 의해 죽었습니다. 예를 들어 미국 메인주의 페놉스콧 강에서 댐 2곳을 해체하고 나머지 댐을 정비한 후에 청어 개체 수가 5년 만에 수백 마리에서 200만 마리로 늘어난 점이 이 사실을 증명한다고 세계자연기금은 말합니다.

　인간의 탐욕으로 상어와 가오리도 사라지고 있습니다. 상어지느러미 등 고급 식자재로 사용되는 상어와 약재로 활용되는 가오리의 개체 수도 71% 감소했다고 합니다. 특히 3대에 걸쳐 개체 수가 95% 감소한 장완흉상어(oceanic whitetip shark)는 세계자연보전연맹

(IUCN) 멸종 위기 동식물 목록인 적색목록 가운데 가장 위험한 '위급 (CE·Critically Endangered)'으로 재분류되었다고 합니다. 세계자연기금의 지구 생명보고서는 2년마다 발간되는데, 이번 보고서에는 직전 보고서엔 없던 838종 1만 1,010개 개체군의 데이터를 새롭게 추가했습니다.

 반기성 센터장의 꿀팁

한 연구기관이 세계자연보전연맹의 '적색목록'에 등록된 유럽 내의 척추동물, 무척추동물, 식물 등을 분석했는데 식물 27%, 무척추동물 24%, 척추동물 18%가 멸종 위기에 처해 있다고 합니다. 세계자연기금은 지난 50년 동안 전 세계 야생동물의 2/3가 사라졌다고 합니다.

새들이 급속히 사라진다는데 그 이유가 뭔가요?

바다 위에서 큰 날개를 펴고 우아하게 날아오르는 앨버트로스, 외딴 열대우림 깊숙한 곳에 둥지를 파는 닭 같은 말레오, 깊은 수심에서 수영하는 황제펭귄, 대도시 위로 우뚝 솟은 고층 빌딩에 둥지를 틀고 있는 송골매 등 새는 지구상 거의 모든 곳에서 볼 수 있습니다. 이런 새들은 지구의 건강상태를 나타내는 주요 지표입니다.

새들은 건강한 생태계를 만드는 일을 합니다. 코뿔새는 열대우림에 큰 씨앗을 퍼뜨리고, 칠면조 독수리는 유기 폐기물을 처리해주며, 바닷새는 바다와 육지 사이의 영양분 순환을 도와 산호초를 건강하게 유지해줍니다. 매일 들리던 새의 울음소리가 어느 순간에 사라지게 되면 부정적 연쇄반응이 일어나면서 지구 생태계가 파괴될 것이라고 과학자들은 우려하고 있답니다.

전 세계 새들의 49%가
줄어들었습니다

"전 세계 조류 종의 49%가 감소하고 8종 중 1종이 멸종 위기에 처했다. 농업의 확장이 조류의 73%를 압박하고 있으며 벌목, 침입종, 천연자원개발 및 기후변화 등도 새들을 위협하고 있다. 북미에서는 1970년 이후 29억 마리(전체의 29%)의 개체 수가 사라졌다. 유럽에서는 1980년 이후 6억 마리(19%)의 새들이 사라졌으며, 도요새와 참새 등 과거엔 개체 수가 풍부했던 종들까지 멸종 위기에 처해있다. 유럽 농경지에 서식하는 조류는 57%가 사라졌고, 호주에서는 2000~2016년 사이에 바닷새 종의 43%가 감소했다."

새들이 급격히 사라지고 있다는 사실은 버드라이프(Bird Life)가 새로 발간한 '세계 조류 현황(State of the World's Birds)' 보고서에 나옵니다.[5] 새들의 보존 과학 분야의 리더인 버드라이프는 4년마다 기념비적인 세계 조류 현황 보고서를 발간하는데, 보고서는 새 연구자, 환경 보호론자, 시민 과학자 모두가 열정을 가지고 수집한 데이터를 요약한 내용입니다.

새들의 장기적인 개체군 데이터는 해당 지역에서 수집된 데이터가 훨씬 더 상세합니다. 그러나 다른 지역에서 수집된 데이터가 없다고 그 지역의 새들 데이터는 연구된 데이터와 상당히 유사합니다. 예를 들어 일본의 조류 데이터는 없었지만 1850년 이래 일본의 산림조류는 94%, 습지조류는 88%가 감소한 것으로 추정됩니다. 그리고 케냐의 맹금류 종은 1970년 이후 거의 4분의 3이 감소했습니다. 역사적으로 보면 새들 대부분의 멸종은 섬에서 일어났지만, 걱정스럽게도 산림 서식지 손실로 인해 대륙에도 멸종의 물결이 밀려온다고 합니다.

 ## 무엇이 새들을
멸종 위기로 몰아가나요?

버드라이프 보고서에서는 새들에 대한 모든 위협은 인간의 행동으로 인해 발생한다고 말합니다. 자세한 내용을 살펴보죠.

첫째, 농업은 새들이 사는 서식지로 계속 규모를 넓히고 있고, 농업에 사용되는 기계 및 화학 물질의 사용은 증가합니다. 새들에게는 큰 위협이 되며, 멸종 위기에 처한 종의 최소 73%에 영향을 미치고 있다고 합니다. 유럽에서는 1980년 이후 대륙의 농경지에 거주하는 조류가 50% 이상 감소했습니다. 아프리카에서는 초원이 농경지로 바뀌면서 단 15년 만에 심각한 멸종위기종인 리벤 종달새의 개체 수가 80%나 줄어들었다고 합니다.

둘째, 산림의 벌목은 또 다른 심각한 위협입니다. 매년 700만 헥타르 이상의 숲이 사라지면서 전 세계 멸종 위기에 처한 조류 종의 거의 절반에 영향을 미치고 있습니다. 세계에서 가장 강력한 맹금류인 하피 독수리는 서식지 나무의 90%가 벌목되면서 최근에 IUCN 적색목록에 취약 등급으로 등재되었습니다.

셋째, 기후변화는 이미 멸종 위기에 처한 종의 34%에 영향을 미치고 있습니다. 전례 없는 수준의 폭풍, 산불, 가뭄을 몰고온 기후변화의 영향은 앞으로 더 심각하게 새들에게 부정적인 영향을 줄 것이라고 합니다.

2023년 멸종위기종에 등재된 새는 무엇이 있나요?

버드라이프는 2023년 12월에 약 500종의 조류를 재평가했고, 이 중에서 200종 이상을 멸종 위험이 더 높거나 낮은 범주로 재할당했습니다.[6] 하와이 고유종은 기온 상승, 침입성 외래종 및 질병으로 인해 두 종의 꿀덩굴(Anianiau와 Kauai Amakihi)이 취약종에서 멸종위기종으로 상향 조정되었습니다. 칠레 해안의 로빈슨 크루소 섬 고유종인 후안 페르난데스 팃(Juan Fernandez Tit-tyrant)은 침입종과 토착 식물 손실의 영향으로 고통 받고 있으며, '거의 위협받는 종'에서 '멸종 위기의 종'으로 상향 조정되었습니다.

유자목 큰부리새는 남아메리카에서 벌어진 지속적인 삼림 손실의 영향으로 '가장 우려되는 종'에서 '거의 위협받는 종'으로 상향 조정되면서 개체 수가 많이 줄어들었습니다. 야자 앵무새는 서식지 손실로 '가장 우려되는 종'에서 '거의 위협받는 종'으로 상향 조정되었습니다. 인도네시아의 한 섬에 서식하는 왕기왕기흰눈부엉이(Wangi-wangi White-eye)는 덫으로 인해 멸종 위기에 처했습니다. 아프리카 기니만의 한 섬에 서식하는 프린시페 스콥스 올빼미는 처음으로 심각한 멸종 위기에 등재되었습니다. 아울러 뉴칼레도니아 폭풍제비꽃제비(New Caledonian Storm-petrel)도 멸종 위기에 처해 있습니다. 유라시아 전역에 사는 '느시'라는 새도 취약에서 멸종 위기로 상향 조정되었습니다.

 반기성 센터장의 꿀팁

세계조류현황에 따르면 북미에서는 1970년 이후 전체의 29%의 새 개체 수가 사라졌습니다. 유럽에서는 1980년 이후 19%의 새들이 사라졌고, 유럽 농경지에 서식하는 새들은 57%가 사라졌습니다. 호주에서는 2000년 ~2016년 사이에 바닷새 종의 43%가 사라졌다고 합니다.

질문 TOP 32

바다 생물의 멸종 위험이 정말 현실화될까요?

▶ 저자 직강 동영상 강의로 이해 쑥쑥
QR코드를 스캔하셔서 동영상 강의를 보시고
이 칼럼을 읽으시면 훨씬 이해가 잘됩니다!

해양 생물(marine life, sea life, ocean life)은 바다 또는 해안 삼각주의 소금물에 서식하는 식물, 동물 및 기타 생명체로 어류, 조류, 조개류 등이 있습니다. 근본적인 차원에서 해양 생물은 우리 지구의 본질을 결정하는 데 도움이 되고, 우리가 호흡하는 많은 산소를 만들어냅니다. 해안선은 부분적으로 해양 생물이 보호하며, 일부 해양 생물은 새로운 땅을 만들어내기도 합니다.

〈바다의 그림자(Sea of Shadows)〉라는 영화에서 나쁜 사람들이 토토아바 물고기를 잡기 위해 거대한 그물을 설치합니다. 토토아바의 부레는 중국 암시장에서 코카인과 맞먹을 정도로 비쌉니다. 문제는 그물에 다른 멸종위기종도 걸려 죽는 겁니다. 사람들이 해양생물을 무자비하게 죽이는 장면이 충격이었습니다.

해양 생물의 86.7%가
멸종 위험에 처해 있습니다

캐나다 달하우지대학교의 대니얼 보이스(Daniel Boyce) 교수 등 국제 연구팀은 "해양 생물 2만 5천 종을 대상으로 기후변화에 따른 멸종 위험을 평가해보니 86.7%에 이르는 종이 높거나 심각한 멸종 위험을 겪을 것으로 전망된다"라고 밝혔습니다.[7] 이들은 바다 수심 100m까지 서식하고 있는 2만 4,975종의 해양 생물 멸종 위험을 생물 종의 몸 크기, 온도 저항성 등을 포함한 12가지 기후 위험 지표를 사용해 분석했습니다. 그랬더니 인류가 지금처럼 무분별하게 온실가스를 사용하는 시나리오(SSP5-8.5)에서는 세기말에 가면 해양 생물 종 중 84%가 높은 멸종 위험을 겪게 될 것이고, 2.7%는 심각한 멸종위험이, 13%는 중간 정도의 멸종 위험이 있을 것이라고 합니다.

지역별로 보면, 적도에서 위도 30도까지 열대 지방 서식종의 멸종위험이 클 것으로 보았습니다. 이것은 이 지역의 해수 온도 상승이 더 빠르게 상승하기 때문입니다. 그리고 멸종 위험을 겪는 종은 먹이사슬에서 피라미드 아래에 있는 종보다 위에 있는 포식자 종일수록 컸다고 합니다. 즉 인류가 즐겨 먹는 참치나 복어, 상어 등의 멸종위험이 크다는 것이지요. 지역적으로는 말레이시아, 인도네시아, 필리핀으로 이어지는 삼각지대(코랄 트라이앵글)와 오스트레일리아 북부, 홍해 등 전체 바다 면적 1%의 지역 안에 멸종 위험을 겪는 종 95%가 분포되어 있다고 합니다.

지구온난화가 계속되면
300년 내에 해양 생물이 대멸종!

프린스턴대학교 커티스 도이치(Curtis Deutsch) 교수 연구진은 지구 온난화가 계속된다면 300년 이내에 해양 생물이 대멸종을 겪게 될 것이라는 연구결과를 발표했습니다.[8] 연구진은 햇빛과 구름, 해류, 대류 등 상호 작용을 고려한 바닷물 온도 상승과 용존 산소량 저하 등에 맞춰 생물 종이 견딜 수 있는 생리적 한계를 분석했습니다. 그런 분석 끝에 만일 지금처럼 화석 연료를 사용해 오염이 계속된다면 2300년쯤에는 해양 생물이 과거 페름기 대멸종 사태에 처하게 될 것이라고 전망한 것이지요.

지구 역사상 최악의 대량 멸종 사건이라고 불리는 '페름기 대멸종'은 육지에 사는 척추동물의 70% 이상을 포함, 모든 생물 종의 절반 이상을 멸종시켰습니다. 연구진은 현재도 그런 위험에 직면한 상태라고 말합니다.

그러나 아직은 완전히 확정된 미래가 아닙니다. 기후위기에 대응하기 위한 국제적인 약속이 이루어진다면 해양 생물의 대멸종 시나리오는 바뀔 수 있다고 합니다. 지구 기온 상승 폭을 산업화 이전 대비 2℃ 이내로 막아낸다면 해양 생물 대멸종 위험을 70% 이상 줄일 수 있다고 연구진은 예측했습니다.

**멸종 위험이 가장 큰
해양 생물은 무엇인가요?**

홍콩 비영리 환경단체 EARTH.ORG는 2023년 4월에 '2023년 기준 멸종 위기에 처한 해양 생물 13종'의 보고서를 발표했습니다.[9] 어떤 해양 생물들인지 살펴보죠.

첫째는 참다랑어로, 남획과 불법조업 때문에 급격히 줄어들어 2만 5천 마리만 남아 있습니다. 둘째는 회색 고래로, 남획으로 인해 심각한 멸종 위기에 처해 있습니다. 셋째는 바기타로, 멕시코 바하반도 해안에서 서식하는 세계에서 가장 작은 고래류인데, 10마리가 남아 있습니다. 넷째는 듀공으로, 수질오염으로 사라져가고 있으며 최대 7,300마리만 남아 있습니다.

다섯째는 산호초로, 해수 온도 상승으로 인해 사라져가고 있습니다. 여섯째는 매너티로, 인간 오염과 독성조류의 위협으로 사라져가고 있기에 1만 3천 마리만 남아 있습니다. 일곱째는 인도와 네팔에 사는 악어류인 가리알로, 사냥과 서식지 변화로 인해 사라지고 있습니다. 여덟째는 하와이 몽크바다표범으로, 사냥이나 해양쓰레기, 어망으로 인해 사라지고 있어 1,400마리만 살아 있습니다.

아홉째는 헥터의 돌고래로, 뉴질랜드 해안에 사는 가장 작은 돌고래인데, 어업으로 인해 급격히 줄어들면서 1만 마리만 남아 있습니다. 열 번째가 지느러미 없는 돌고래로, 동남아와 양쯔강에서 서식하는 돌고래인데, 1,012마리만 남아 있습니다. 열한 번째가 혹스빌

거북이로, 남획과 산호초의 황폐화로 한 세기 동안 80%가 사라졌습니다. 열두 번째가 켐프의 리들리 바다거북으로, 서식지 손실이나 해양오염으로 사라지고 있습니다. 열세 번째가 녹색 바다거북으로, 밀매와 함께 해변이 사라지면서 서식지를 잃어 사라지고 있습니다.

 반기성 센터장의 꿀팁

연구에 의하면 인류가 지금처럼 온실가스를 많이 배출할 경우 세기말에 가면 해양 생물종 중 84%가 높은 멸종 위험을 겪게 될 것이라고 합니다. 2.7%는 심각한 멸종 위험, 13%는 중간 정도의 멸종 위험이 있을 것이라고 합니다.

질문
TOP
33

산호가 죽으면
해양 생태계도 무너지나요?

몇 년 전 서울 환경영화제에서 다큐멘터리 영화 〈산호초를 찾아서 (Chasing Coral)〉를 봤습니다. 이 영화는 형형색색의 산호가 바다 온도 가 상승하면서 하얗게 백화되어 죽어가는 모습을 담고 있었습니다.

스스로 양분을 만들 수 없는 산호는 신기하게도 산호 안에 공생조 류(zooxanthella)를 살도록 합니다. 산호가 플랑크톤이나 부유물을 섭 취해서 발생한 질소원은 공생조류에 제공되고, 공생조류는 광합성 을 통해 산소와 영양분을 얻어 산호에 제공합니다. 이처럼 수많은 생명체가 서로의 협력으로 만든 유기체이죠.

그런데 산호가 죽어가는 상태를 알리는 백화 현상은 왜 생길까 요? 그것은 수온 상승, 오염 등으로 산호의 몸속에서 공생조류가 한 꺼번에 빠져나가면서 생기는 모습입니다.

기후변화는 지구 생태계의 멸종을 부릅니다 　195

산호는 식물이 아니라
동물입니다

우리는 산호의 모습을 상상하면 흔히 형형색색의 아름다운 모습을 떠올리지요? 이것은 산호와 공생하는 조류(藻類, algae)의 색깔을 우리가 보는 것입니다.

산호를 바다 속에 사는 '식물'로 알고 있는 사람들이 꽤 많습니다. 그런데 의외로 산호는 '동물'입니다.

산호는 촉수를 가진 매우 작은 동물들이 모인 군체입니다. 이 작은 하나하나의 동물 개체를 산호 폴립(polyp)이라고 하는데, 폴립에는 말미잘과 같은 촉수가 있어서 물속을 떠다니는 플랑크톤을 먹고

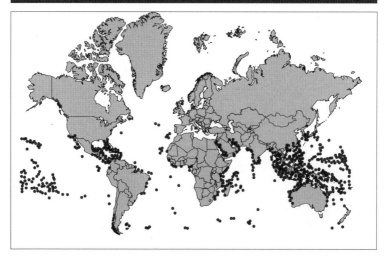

전 세계 산호분포지역

출처: NASA

삽니다. 산호는 광합성을 하는 황록 공생 조류(黃綠共生藻類, 갈충조)와 공생합니다. 산호는 황록 공생 조류가 광합성을 하지 않는 야간에는 촉수를 써서 활동합니다.

산호는 전 세계 바다의 얕은 물과 깊은 물 모두에서 찾을 수 있습니다. 그러나 조류와의 공생 관계에 의존해서 산호초를 만드는 산호는 광합성을 위해 빛이 침투할 수 있는 얕고 맑은 물이 반드시 필요합니다.

앞의 지도에서 작은 점으로 칠해진 부분이 산호가 분포한 곳입니다. 대개의 산호는 적도에서 북쪽으로 30도에서, 남쪽으로 30도에 걸쳐 존재하는 열대 또는 아열대 기후를 보이는 지역에 있습니다. 산호의 분비물이 퇴적되어 만들어진 암초가 바로 산호초(珊瑚礁)입니다. 그러니까 산호는 동물이고, 산호초는 산호가 모여서 시간이 걸려 만들어낸 석회질 지형을 이야기하는 것입니다.

산호초가
왜 그토록 중요한가요?

미국 환경보호청(EPA)은 산호초에 관련된 자료를 2023년 5월에 발표했습니다.[10] 건강한 산호초는 다음과 같은 긍정적인 것들을 제공한다고 합니다.

첫째, 상업적으로 수확된 어종을 포함해 100만 종 이상 수생 생물의 서식지, 먹이, 산란 및 보육장을 제공합니다. 둘째, 산호초 근처, 특히 작은 섬에 사는 사람들을 위한 음식을 제공합니다. 셋째, 낚시, 스쿠버다이빙, 스노클링과 같은 여가활동 및 관광 기회로 지역 경제에 수십억 달러의 경제적 가치를 제공합니다. 넷째, 해안 기반시설을 보호하고 폭풍, 쓰나미, 홍수 및 침식으로 인한 인명 손실을 방지합니다. 다섯째, 질병 및 기타 건강 문제를 치료하는 데 사용할 수 있는 신약의 공급원이 됩니다.

그리고 산호초가 제공하는 모든 서비스는 엄청난 경제적 가치로 이어지는데, 전 세계 산호초의 연간 총 순이익은 298억 달러에 달합니다. 이 중 관광과 여가활동이 96억 달러, 해안 보호가 90억 달러, 어업이 57억 달러, 산호초 구조에 대한 다양한 해양 종의 의존도를 나타내는 생물 다양성이 55억 달러를 차지한다고 합니다.

최근 들어 산호가 아주 많이 사라지고 있습니다

바다 생태계에 긍정적인 영향을 주는 산호가 최근 들어 사라지고 있습니다. 세계산호초감시 네트워크(WCRSN)는 10년 동안에 서울 면적의 20배에 해당하는 산호초가 사라졌다고 밝혔습니다.[11] 유엔 환경기금의 지원을 받은 세계산호초감시 네트워크는 73개국 1만 2,000여 개 지역의 산호초를 2009년부터 2018년까지 관측해보니

1만 1,700km²의 산호초가 사라졌다고 밝혔습니다.

그런데 앞으로 10년 후에는 지구상의 산호초가 다 사라질 것이라는 연구가 나왔습니다. 영국과 미국, 호주의 공동연구팀이 2022년 2월에 산호초가 세계 바다에서 곧 사라질 가능성이 크다는 연구결과를 발표했는데,[12] 연구팀은 지구 평균기온 상승치를 1.5℃로 저지한다고 해도 산호초는 사실상 사라진다고 주장합니다.

그 이유가 뭘까요? 지구 기온이 1.5℃ 높아진 순간, 산호초가 지속해서 살아갈 수 있는 수역이 2024년 기준 0.2%로 대폭 줄어들기 때문이랍니다. 산호가 사라지는 가장 큰 원인은 기온과 해수 온도 상승입니다. 이 외에도 과도한 해안 개발에 따른 환경오염과 수산자원의 남획도 한몫하고 있다고 합니다.

산호초가 다 사라진 바다에 무엇이 남아 있을까요? 한번 생각해 보기 바랍니다.

 반기성 센터장의 꿀팁

세계산호초감시 네트워크(WCRSN)는 10년 동안 서울 면적의 20배에 해당하는 산호초가 사라졌다고 밝혔습니다. 앞으로 10년 후에는 지구상의 산호초가 다 사라질 것이라는 연구도 있습니다. 산호가 죽으면 산호에 의지해 살아가는 해양 생물종 20%가 사라지면서 결국 생태계가 무너지게 됩니다.

꿀벌 마야의 친구들도
보기 힘들어지나요?

어린 시절 동화책이나 그림책에 단골로 등장하는 꿀벌은 달콤한 꿀을 만들어서인지 매우 가깝게 느껴집니다. 예전에는 시골 양봉 농가에만 가면 웽웽거리는 소리와 함께 수십만 마리의 꿀벌을 볼 수 있었습니다. 하지만 지금은 상황이 많이 달라졌습니다. 전 세계적으로 꿀벌이 사라지고 있기 때문입니다.

최근에 미국에 살고 있던 야생 꿀벌들이 몇몇 지역에서는 거의 전멸했다고 합니다.[13] 그런데 야생 벌만 아니라 양봉도 급속히 사라지고 있습니다. 미국, 브라질, 아프리카 등지에서는 꿀과 꽃가루를 채집하러 나간 일벌 무리가 벌집으로 돌아오지 않아 벌집에 남은 여왕벌과 애벌레가 떼로 죽는 '벌집 군집 붕괴 현상(CCD)'이 발생하고 있습니다.

매년 벌 손실 조사를 해온 비영리 단체인 BIP(Bee Informed Partnership)의 자료에 따르면 미국에서는 2022년에 전국 평균 45.5%의 꿀벌이 사라졌다고 분석하고 있습니다. 우리나라도 2023년 봄에 꿀벌들이 집단 폐사했습니다. 한국양봉협회는 2023년 4월 기준 협회 소속 농가의 벌통 153만 7,270개 중 61.4%인 94만 4천 개에서 꿀벌이 폐사한 것으로 집계했습니다. 최소 141억 6천만 마리가 넘는 꿀벌이 사라진 셈입니다.

벌들은 왜 세상에서 사라지고 있나요?

우리나라의 실태를 통해 벌들이 세상에서 사라져가고 있는 이유를 살펴보죠.

첫째, 꿀벌의 먹이인 꿀이 만들어지는 꿀밭이 사라지면서 벌들이 굶주리고 있기 때문입니다. 우리나라 밀원수의 대표적인 수종은 아까시나무로 천연 꿀의 70%가 아까시나무 꿀입니다. 그런데 아까시나무의 수가 급격히 줄어들고 있습니다.

둘째, 기후변화의 영향입니다. 아까시나무가 줄어드는 것도 문제지만 기후변화로 인해 벌이 꿀을 채취할 수 있는 기간이 줄어드는 문제도 벌들의 생존을 위협합니다. 아까시나무의 개화 시기는 4~5월 사이로 짧은데, 최근에는 더 짧아지고 있습니다. 결국 대부분의 벌은 나머지 기간에 설탕만 먹고 생존하는데, 제대로 된 영양소 공급을 받지 못한 벌의 면역력이 약해지면서 외부 위협에 더욱 취약해지고 있는 것이지요.

지금 우리나라의 기온은 다른 나라보다 훨씬 더 빠르게 상승하고 있습니다. 그 결과, 벌이 동면에서 깨어나 꿀을 찾으러 떠나는 시기보다 꽃이 더 일찍 피었다 지는 경우가 생겨납니다. 반대로 평년보다 따뜻한 가을과 겨울이 이어지자, 봄이 온 줄로 안 여왕벌이 알을 낳고 피어나지 않은 꽃을 찾으러 돌아다니는 일이 벌어지는 것이죠. 기후변화로 인해 벌의 활동 기간과 식물의 생장 기간이 서로 엇갈리는 생태 엇박자가 일어나는 겁니다.[14]

제레미 커(Jeremy T. Kerr) 오타와대학교 교수팀은 꿀벌들이 지구온난화 적응에 어려움을 겪고 있으며, 기온이 낮은 지역으로 이주하지 못해서 죽어가고 있다고 주장하고 있습니다. 이 외에도 폭염이나 대형산불, 극한홍수와 태풍도 벌에게는 치명적이라는 호주 애들레이드대학교 등의 연구도 있습니다.[15]

셋째, 응애 문제입니다. 꿀벌의 기생충인 응애는 벌의 몸을 타고 벌통으로 들어와 새끼 벌의 몸에 기생하는 벌레입니다. 이 기생충은 새끼 벌과 어른 벌의 영양분을 흡수하고 치명적인 바이러스를 전파해 벌을 폐사시킵니다.

넷째, 꿀벌에게 치명적인 농약입니다. 꿀벌에게 드론으로 뿌리는 농약은 치명적입니다. 집에 돌아온 꿀벌의 몸에 묻은 농약이 다른 꿀벌에게 영향을 주면서 피해는 더욱 커집니다.

**벌이 사라지면
우리는 어떻게 되나요?**

벌이 세상에서 사라지면 우리는 어떻게 될까요? 벌이 사라지면 여러 가지 측면에서 안 좋은 영향을 미치는데 자세한 내용은 다음과 같습니다.

첫째, 식물에 미치는 영향입니다. 벌이 수분[受粉, 종자식물에서 수술의 화분(花粉)]이 암술머리에 옮겨 붙는 일)에 절대적인 영향을 주기 때문입니다. 벌이 없으면 우리는 맛있는 과일과 채소를 맛볼 수 없을 겁니다.

둘째, 동물에 미치는 영향입니다. 우유와 고기로 사용되는 많은 소는 알팔파와 루핀에 의존하는데, 둘 다 벌의 수분작용에 의존하지요. 만약 소의 식량 공급이 감소한다면, 고기와 우유 생산량은 감소하게 되겠지요.

셋째, 연료에 주는 영향입니다. 연료와 식용유로 사용하기 위해 재배되는 유채는 수분 의존도가 높습니다. 유채는 바이오 연료를 생산하는 데 사용되는데, 바이오 연료가 고갈되면 화석 연료에 의존해야 하기 때문에 환경에 더 부담을 주게 될 겁니다.

넷째, 지형적인 영향입니다. 벌이 세상에서 사라지면 식물의 대부분이 자랄 수 없으므로, 초원은 메마르고 대규모 사막화가 일어나게 되겠지요.

다섯째, 인간의 삶에 미치는 영향입니다. 식량의 생산량 감소는 전 세계적인 기근으로 이어질 것이며, 담수가 마르면서 물 부족으로 나무가 줄어들게 됩니다. 결국 벌이 사라지면 인류는 살아갈 수 없을 것이고 머지않아 멸종할 것으로 봅니다. "벌이 사라지면 4년 안에 인류는 멸종할 것이다"라는 아인슈타인의 말을 되새겨볼 때라고 생각합니다.

 반기성 센터장의 꿀팁

세계적으로 꿀벌이 급속히 폐사하고 있는데, 우리나라도 2023년 초에 약 141억 마리가 폐사했습니다. 벌들이 사라지는 원인은 급격한 기후변화로 꿀밭이 사라지고, 꽃에서 꿀을 채취할 수 있는 기간이 줄어들고 있기 때문입니다. 그외 농약이나 응애 등의 기생충도 벌이 사라지는 원인입니다.

환경오염은 동식물을
어떻게 위협하고 있나요?

현재 세계의 동식물은 75년 전의 약 50%에 불과합니다. 앞으로의 반세기를 고려해보면 생물 종을 지키려는 노력과 규제가 없다면 나머지 절반도 사라질 가능성이 큽니다.

지구의 생물은 주저하지 않고 우리 인간에게 많은 것을 주고 있는데, 우리 인간이 만들어낸 환경오염이 생물에 아픔을 주게 될 때 생물은 멸종을 통해 인류에게 매우 강력한 분노를 되돌려줄 것입니다. 자연의 찬란한 아름다움과 풍요로움을 가져오는 생물에 대해 지구의 관리자인 인간이 책임을 지고 정말 문제를 해결해야만 하지 않을까요!

🌡️ 오늘날 동물 종은 과거보다
너무 빠르게 멸종되고 있습니다

2023년 8월 17일에 이탈리아 베로나대학교의 데니스 고타르디 (Denise Gottardi) 교수는 오늘날 동물 종은 과거보다 100배 더 빠르게 멸종되고 있으며, 수천 마리의 동물이 오염, 서식지 파괴, 기후변화로 인해 멸종 위기에 처해 있다고 말했습니다.[16]

2024년 기준 멸종 위기에 처한 종의 적색목록을 발표하는 국제자연보전연맹(ICUN)에 의하면 동식물 4만 2천 종 이상이 멸종 위기에 처해 있습니다. 이 중 515종(양서류, 파충류, 조류와 포유류 포함)이 전 세계에서 1천 마리도 남지 않았다고 합니다. 이런 동식물들이 왜 멸종 위기에 처해 있을까요?

고릴라와 코끼리, 코뿔소, 호랑이와 같은 대형 동물들은 인간들의 무분별한 불법 밀렵으로 인해 멸종 위기에 처해 있습니다. 또한 지구온난화로 인해 기온이 크게 상승하면서 적응하지 못하는 생태계로 북극곰이 있습니다.

또한 인간으로 인한 환경오염으로 세상의 많은 생명체가 사라지고 있습니다. 인간이 만든 플라스틱으로 해변과 바다가 오염되고 있고, 매년 전 세계 조류의 거의 25%가 대기오염으로 인해 심각한 피해를 보고 있습니다.

세계자연기금의 발표에 따르면 매년 약 600만 톤의 플라스틱과 500t의 석유가 바다로 유입되어 해양 생태계가 파괴되고 많은 동물이 죽는다고 합니다. 인간이 건물과 도로를 건설하기 위해 토지를 착취하면 동물 종이 이용할 수 있는 자연 서식지가 감소하면서 결국 멸종의 길로 갈 수밖에 없습니다. 고대 숲과 아마존 열대우림과 같은 거대한 녹지의 손실로 인해 지금도 많은 동물이 죽어가고 있습니다. 또한 지구 자원의 과잉 개발로 인한 지하자원(석유와 가스)의 과도한 사용은 자연환경을 파괴하고 생명체의 삶을 위협합니다. 인간들의 과도한 사냥 및 낚시로 인해 멸종위기종의 생물들이 사라지고 있습니다.

 환경오염은 동식물에게
매우 나쁜 영향을 끼칩니다

자연에너지 허브(Natural Energy Hub)는 오염으로 인한 멸종위기종을 알려줍니다.[17] 모든 생태계는 여러 유형의 오염에 의해 영향을 받게 되는데, 인간의 건강이 다양한 독소에 의해 영향을 받는 것처럼 식물과 동물도 영향을 받습니다.

현재 독성 화학 물질은 자연 그대로의 숲과 북극 동물의 혈액에서 발견되고 있으며, 쓰레기는 육지에서 멀리 떨어진 망망대해에서 떠다니는 것을 볼 수 있습니다. 빛과 소음 공해는 새와 동물의 일상적인 패턴에 나쁜 영향을 미치고 있습니다. 이러한 예를 구체적으로 살펴보죠.

쓰레기와 매연으로 인한 환경오염

첫째, 화학 물질, 유기·무기 오염물질은 유기체에 들어가는데, 먹이사슬의 상위에 있는 동물은 이러한 독소를 점점 더 높은 농도로 축적하게 됩니다. 몸에 높은 수준의 독소를 가지고 있으면 질병, 선천적 기형, 유전적 돌연변이 및 기타 해로운 영향을 겪을 가능성이 커집니다.

둘째, 수질오염은 수질을 저해합니다. 부영양화로 조류가 번성하고 수역 위로 증식해 물에서 모든 산소를 빨아들일 때 어떤 유기체도 이 구역에서 생존할 수 없게 되는데 이를 적조 혹은 녹조라고 부릅니다.

셋째, 공기 중의 이산화황과 수증기가 혼합되어 비로 떨어지는 산성비는 토양과 토지의 화학적 조성을 변화시킵니다. 이로 인해 물고기의 죽음과 나무의 성장에 영향을 미칩니다.

넷째, 바다로 흘러간 플라스틱 쓰레기는 산호초를 죽이고, 크고 작은 동물을 얽혀 죽게 만듭니다. 고래, 물개, 바다코끼리, 돌고래, 매너티, 펭귄은 바다의 플라스틱 쓰레기에 영향을 받으며, 크릴새우와 동물성 플랑크톤과 같은 미세한 유기체도 미세플라스틱을 먹고 먹이사슬을 통해 상위포식자에게 전달합니다.

유엔환경계획(UNEP)은 보고서를 통해 환경오염의 심각성을 알려줍니다.[18] 보고서에 따르면 지구 육지 표면의 75%가 인간의 행동 때문에 크게 오염되었으며, 습지의 85%가 변했다고 합니다. 해양 면적의 66%는 어업과 오염을 포함한 인간 활동의 영향을 받는다고 보고서는 말합니다.

우리의 노력이 필요한 때입니다. 생태계를 오염이나 인간의 착취로부터 구하려는 노력이 없으면 머지않아 대규모 멸종사태가 발생할 수 있다는 사실을 알았으면 합니다.

 반기성 센터장의 꿀팁

> 동식물이 사라지는 원인은 사람에 의한 밀렵, 플라스틱 오염으로 인한 해양생태계 파괴, 무분별한 산림훼손, 석유의 바다 유입, 석유와 가스의 과도한 사용으로 자연환경파괴, 화학물질 오염, 수질오염 및 방사능, 수은 등의 생태계 유입 등이 있습니다.

역사상 가장 많은 인류를 죽인 팬데믹이 페스트입니다. 급격한 기후변화로 인해 쥐들이 급격히 증가하면서 페스트가 시작되었습니다. 바닷물이 이상적으로 따뜻해질 때 어패류에서 시작되는 팬데믹이 콜레라입니다. 오천만 명 이상 사망한 스페인 독감도 라니냐 등의 기후변화가 만들었답니다. 영구동토층이 녹게 되면 얼음 안에 있던 바이러스가 뛰쳐나오거나, 기후변화로 만들어진 변종 바이러스로 인해 새로운 팬데믹이 곧 올 것이라고 의학자들은 전망합니다.

6

기후변화는
각종 감염병을
더욱 확산시킵니다

질문
TOP
36

페스트의 원인이
정말 기후변화 때문인가요?

"마녀의 저주로부터 세상을 구하라!" 영화 〈마녀 호송단〉의 영화광고 문안입니다. 이 영화는 흑사병이 창궐해 전 인류가 죽음 앞에 평등했던 14세기 중세 유럽을 배경으로 합니다. 영화의 주인공은 마녀로 추정되는 한 소녀를 수도원까지 호송하는 임무를 맡았고, 흑사병에 맞설 6인의 기사단이 나옵니다.

당시 흑사병의 원인이 소녀라고 믿었기에 종교 지도자들은 수도원에서 소녀를 죽이면 흑사병은 없어지리라 생각한 것입니다. 정말 말도 안 되는 이유를 갖다붙인 거죠. 당시 유럽 인구의 1/3이 죽었다고 할 정도로 흑사병의 위력은 대단했습니다. 흑사병이 역사상 최악의 공포였기에 이 영화가 만들어지지 않았을까요?

흑사병은
무엇을 말하나요?

우리에게는 흑사병으로 알려졌지만 정식 명칭은 페스트입니다. 흑사병은 페스트균인 예르시니아 페스티스(Yersinia pseudotuberculosis)에 감염되어 발병합니다.[1] 예르시니아 페스티스는 쥐들의 피를 빨아 먹는 벼룩에 사는 기생충입니다.

페스트의 전염 경로는 벼룩에서 시작됩니다. 페스트에 걸린 벼룩이 사람을 물게 되면 상처를 통해 전염성 바이러스가 사람의 몸속으로 침입하게 됩니다.

이 전염성 바이러스는 사타구니와 겨드랑이에 있는 림프샘(lymph node, 각종 림프구를 포함한 백혈구가 함유되어 있어 외부 물질 및 비자기로 인식되는 종양에 대해 면역작용을 하는 면역기관의 일종)에서 독소를 분비합니다. 그러면 우리 몸의 면역계가 작동하면서 커다랗고 벌겋게 부어오르는 가래톳(bubo, 서혜부 림프샘이 부어오른 것으로, 허벅다리 윗부분의 림프절이 부어 생긴 멍울)을 만듭니다.

페스트는 선페스트와 호흡기페스트, 이렇게 2가지 종류로 크게 나눕니다.

먼저 흑사병의 약 90%가 선페스트입니다. 피부로부터 침입한 페스트균은 림프절에 이르러 출혈성 화농성염증을 일으키는데, 대개 지름 3~8cm에 이르고 통증이 심한 염증을 가져옵니다. 이어 균은 림프 또는 혈류(血流)에 의해 다른 림프절에 전염시키면서 바이러스는 그 후 전신으로 퍼지게 되어 패혈증(敗血症)을 일으키고 결국 사망하게 되지요.

두 번째가 호흡기페스트입니다. 페스트에 걸린 사람이 재채기나 기침을 할 때 나오는 비말을 들이마시면 감염됩니다. 균을 흡입함으로써 급격히 출혈성 기관지폐렴(페스트 폐렴)을 일으키게 되고, 4~5일 이내에 거의 사망할 정도로 치사율이 높습니다.

기상의 급격한 변화로 쥐가 급속히 늘어나며 시작된 페스트

서기 541년에 발생한 팬데믹은 선(線)페스트(흑사병)로부터 시작되었습니다. 당시 수많은 사람을 사망으로 이끈 흑사병이 발생했던 것은 기후변화 때문이었습니다. 기후변화가 페스트를 불러온 당시 상황을 살펴보죠.

기록을 보면 당시 강한 화산폭발이 발생하면서 동아프리카에서는 극심한 가뭄이 발생했습니다. 가뭄으로 농작물이 말라 죽으면서 곡식의 낟알을 먹고 살던 쥐들이 죽어갔고, 다음으로 설치류를 먹고 살던 조금 더 큰 동물들이 죽었습니다.

그러나 기상의 급격한 변화로 가뭄이 끝나고 많은 양의 비가 내리면서 식물들이 급속도로 자라기 시작했는데, 성장과 번식이 빠른 쥐는 금방 개체 수를 회복했지만 쥐를 먹는 조그만 육식동물들이 개체

수를 회복하는 데는 시간이 더 오래 걸렸지요. 결국 쥐들의 포식자가 '서서히' 개체 수를 늘려가는 사이에 쥐들은 '기하급수적으로' 개체 수가 늘어나면서 짧은 기간에 동아프리카는 많은 쥐들로 넘치게 되었습니다.

선페스트 균은 덥고 습한 날씨에 급속하게 번성합니다. 선페스트를 전달하는 벼룩은 기온이 20~32℃ 범위로 온난할 때 급속히 번식합니다. 또한 벼룩의 수명은 습도가 높을 때에 비해 상대습도가 낮을 때가 1/4로 감소합니다. 즉 기온이 높고 습도가 높을수록 선페스트를 옮기는 벼룩은 더 맹위를 떨치는 것입니다.

당시 적합한 기후로 급속도로 번성하던 선페스트 균에 쥐들이 감염되었습니다. 전염병에 걸린 쥐의 피를 빤 벼룩들이 병에 걸리면서 벼룩들이 무차별적으로 다른 동물의 피를 빨았습니다. 결국 이 쥐들이 무역선을 타고 유럽으로 건너가, 유럽 전역에 페스트를 퍼뜨린 것입니다.

여러 차례의 흑사병 창궐로 많은 사람이 죽어갔습니다

과학자들은 거의 3,800년 된 청동기 시대 골격에서 흑사병의 흔적을 발견했습니다. 첫 번째 사례는 기원전 5세기 펠로폰네소스 전쟁 당시 아테네로, 세 차례의 페스트로 인해 인구 1/3이 죽었습니다.

이후 560년 만에 선페스트가 다시 유럽에 창궐하는데, 시리아에 원정 갔던 로마군이 페스트에 걸려 귀국하면서 전염되어 유럽에서만 약 200만 명이 사망했습니다.

이후 서기 540년에 페스트가 동로마제국을 강타합니다. 국민의 1/4이 사망했고, 페스트는 유럽으로 전파되어 많은 사람이 죽었습니다.

14세기에 선페스트가 다시 창궐했습니다. 몽골족이 유럽을 침공한 후 페스트균이 유럽에 퍼지면서 유럽 인구의 1/3인 2,384만 명이 흑사병으로 사망했다고 교황청이 발표했습니다. 중동 인구의 1/3도 사망했습니다. 이후 1894년 홍콩에서 선페스트가 전 세계로 퍼져나가면서 1,300만 명이 사망했습니다.

흑사병 위험 지역

출처: WHO

세계보건기구에 의하면 현재도 전 세계적으로 매년 페스트에 걸리는 사람이 수천 명 정도 된다고 합니다.[2] 앞의 지도에서 표시된 지역은 페스트 위험이 있는 지역을 나타냅니다. 아직도 위생상태가 열악한 지역은 페스트가 발생할 수 있다고 합니다.

 반기성 센터장의 꿀팁

페스트를 옮기는 쥐는 극심한 기후변화로 인해 기하급수적으로 늘어날 때가 있는데, 이때 전 세계적으로 페스트가 창궐하면서 수많은 사람들이 죽어갑니다. 14세기의 페스트만으로도 유럽 인구의 1/3, 중동 인구의 1/3, 중국 인구의 절반이 사망했습니다.

콜레라도 기후변화와
관련이 있는 건가요?

톰 크루즈가 주연으로 출연한 영화 〈우주 전쟁〉을 보셨나요? 외계인의 지구 침공을 다룬 영화인데, 외계인이 사용하는 최첨단 로봇과 무기의 엄청난 파워 앞에 지구인들이 대응하는 무기는 너무나도 초라하지요.

외계인들과 지구인들 간에 일방적인 전쟁이 벌어지고, 지구인들은 속수무책으로 죽어갑니다. 그런데 이게 웬일인가요? 기세가 등등하던 외계인들이 갑자기 무력하게 죽어가는 겁니다. 그 이유는 바로 지구인이 가지고 있는 바이러스가 외계인에 감염되었기 때문입니다. 결말이 너무 허망하게 느껴질 정도로 바이러스 앞에 외계인은 너무나도 무력했습니다.

이 영화를 보면서 1817년 인도를 휩쓸며 무려 2천만 명 이상을 속수무책으로 죽어가게 했던 콜레라(cholera)가 머릿속에 떠올랐던 것은 웬일일까요?

 ## 콜레라는
무엇을 말하나요?

콜레라(cholera)는 비브리오 콜레라라는 수인성 박테리아에 의해 발병합니다. 콜레라 박테리아가 섞인 배설물에 오염된 물을 먹거나 이를 함유한 조개나 가재를 먹을 때 콜레라에 걸립니다.

비브리오 콜레라균은 해조류를 먹고 사는 작은 요각류의 몸에 포자와 같은 형태로 수년간 살아 있는데, 수온이 상승하고 영양분이 풍부해지면 조류가 번성하고 요각류와 비브리오가 번식하게 됩니다. 이런 조건에서 콜레라가 발생하고, 또 태풍이나 쓰나미로 인해 콜레라균이 포함된 바닷물이 내륙의 식수원을 오염시키면 인간에게 전염되면서 비극이 시작되는 것입니다.

특히 전쟁이나 분쟁, 극심한 기후재난으로 의료 인프라가 파괴되거나 물이나 음식이 깨끗하지 않고 공중시설이 불결하게 되면, 어느 나라도 가리지 않고 콜레라는 발생하게 됩니다.

콜레라균은 끓는 물에서 바로 죽습니다. 그렇기 때문에 음식이나 물을 끓여 먹고, 안전한 위생 시설을 갖추면 콜레라를 예방할 수 있다는 것, 잊지 마세요!

콜레라는 지금도
많은 지역에서 창궐하고 있습니다

1817년 콜레라가 인도를 강타했는데, 이 병에 걸리면 몇 시간 안에 건강한 사람도 격렬하고 심한 설사와 구토를 일으킨 후 죽어갔습니다. 누구도 왜 이 병이 생겼는지 몰랐는데, 계급이 높든 돈이 많든 아무 상관이 없이 이 전염병에 걸리면 누구나 죽을 가능성이 매우 컸습니다.

인도에서 발생한 콜레라는 전 세계로 퍼져갔습니다. 아시아를 거쳐 아라비아까지 콜레라가 전파되었죠. 1826년 제2차 콜레라 팬데믹 때는 유럽과 미국, 아랍까지 전파되면서 수천만 명의 사람들이 사망했습니다.

그럼 현대의학이 발달한 최근에는 콜레라가 없어진 것일까요? 2003년 미국이 이라크를 공격하면서 이라크의 의료체계가 무너진 가운데 콜레라가 창궐하면서 100만 명 이상이 사망했습니다. 2011년에는 아이티에 강력한 지진이 발생하면서 사회기반 시설이 무너진 가운데 콜레라가 발병하면서 3만 명 이상이 죽었습니다. 2013년에는 멕시코에 콜레라가 유행했습니다. 2022년에는 44개국에서 콜레라 발병 사례가 보고되었는데, 이는 2021년에 발병 사례를 보고한 35개국보다 25% 증가한 수치입니다.

지금도 콜레라는 많은 나라에서 창궐하고 있습니다. 세계보건기구는 매년 전 세계적으로 130만 명에서 400만 명의 콜레라 환자가

발생하고 있으며, 이 중 최대 14만 3천 명이 사망하는 것으로 추산하고 있습니다.[3]

대홍수와 태풍, 물 오염이 콜레라의 주범입니다

기후변화가 갈수록 심해짐에 따라 폭풍은 더 빈번하고 강력하며 습해지고 있습니다. 세계보건기구(WHO)는 빈곤과 분쟁이 전 세계 콜레라의 지속적인 원인으로 남아 있지만, 기후변화는 2021년에 시작된 콜레라의 급격한 세계적 급증을 악화시키고 있다고 말합니다. 태풍으로 인한 사람들의 이주와 수질 오염이 콜레라의 주범이라는 것이지요.

2022년 파키스탄에 대홍수가 발생하면서 국토의 3분의 1이 물에 잠기게 되는데, 상수도와 하수도의 오염으로 수십만 명이 콜레라에 걸렸습니다. 나이지리아도 대홍수로 100만 명 이상의 이재민이 생겼고, 이 중 콜레라 환자가 수만 명이 발생했습니다.[4]

그런데 기후변화는 콜레라에 홍수와 폭풍의 악화를 통해서만 영향을 미치는 것이 아니라 더 높은 기온과 더 길고 건조한 가뭄도 영향을 미칩니다. 심각한 물 부족으로 인해 남아 있는 우물이 쉽게 오염되면서 콜레라가 창궐하는 것입니다. 2023년 에티오피아, 소말리아, 케냐에서 콜레라 환자가 갑자기 급증했던 것이 극심한 가뭄 이후부터였습니다.

　이처럼 콜레라는 기후와 밀접한 관계가 있습니다. 자료에 의하면 평균 최저 기온 섭씨 1℃의 상승과 월간 강수량 증가량이 최대 200mm를 넘으면 2~4개월 이내에 콜레라 발생이 2배로 늘어난다고 합니다. 특히 콜레라 발생 건수는 평균 최저 기온이 23℃에서 24℃로 상승할 때 가장 크게 늘었다고 합니다.[5]

　국제백신연구소의 알리(Ali) 박사는 "평균 최저 기온이 약간 상승한 데 비해 콜레라 발생 건수가 2배가 된다는 점은 매우 심각한 일이다. 온실가스 증가로 인해 향후 100년간 전 세계 평균 온도가 5.8℃까지 상승할 것으로 예상하는 만큼 아시아 지역도 콜레라의 안전지대는 아니다"라고 경고했습니다.

 반기성 센터장의 꿀팁

바닷물이 이례적으로 따뜻해질 때 어패류에 의해 발생하는 전염병이 콜레라입니다. 1817년 처음 인도를 강타한 이후 1826년에는 수천 만 명의 사람들이 사망했습니다. 현대에 와서도 의료기반이 무너지면 콜레라가 창궐하는데, 매년 최대 4백 만 명의 콜레라 환자가 발생하고 있습니다.

質問
TOP
38

독감의 원인도
정말 기후변화 때문인가요?

▶ **저자 직강 동영상 강의로 이해 쑥쑥**
QR코드를 스캔하셔서 동영상 강의를 보시고
이 칼럼을 읽으시면 훨씬 이해가 잘됩니다!

"날씨가 추워지면 폐렴이라는 손님이 마을을 쏘다니면서 그 칼날 같
은 손가락으로 여기저기 사람들을 만지고 다닌다."

O. 헨리의 소설 〈마지막 잎새〉에 나오는 말입니다. 날씨가 추워지
면 왜 독감이나 폐렴이 판을 치는 것일까요? 추위가 사람들의 저항
력을 떨어뜨리기 때문입니다. 겨울에는 신체 유지에 필요한 에너지
가 30%가량 더 들다 보니 체력소모가 많아지기 때문에 발병할 확률
이 높아집니다.

다른 이유로는 추위가 기관지를 수축시켜 폐와 기도에 부담을 주
기 때문입니다. 또한 대기 중에 습도가 낮아 독감 감기바이러스가
활개를 치는 것도 또 하나의 이유입니다.

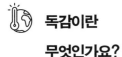

독감이란
무엇인가요?

독감은 인플루엔자 바이러스에 의해 발생하는 급성 호흡기질환을 말합니다.[6] 인플루엔자 바이러스는 지금까지 4가지 형태가 발생했습니다. 죽음까지 이끌며 전 세계적인 유행을 발생시킨 A형, 국지적인 전염병을 일으키는 B형, 비교적 잘 발생하지 않고 증상도 가벼운 C형, 인간에 대한 병원성이 불명확한 D형입니다.

독감은 보통의 감기와는 달리 고열, 전신 근육통, 심한 피로감을 가져옵니다. 그 뒤에는 우울함이 특징인 긴 회복기가 수반됩니다.

독감에 의한 사망률은 높지는 않지만, 폐렴으로 진전되면 사망률은 높아집니다. 독감에 특히 취약한 사람들을 보면 '12개월 이하의

바이러스로 고통받고 있는 어린이

아이들, 독감 시즌에 임신을 계획하고 있거나, 임신 중이거나, 최근에 출산한 사람, 65세 이상의 성인, 다른 많은 사람과 함께 시설에서 생활하거나 일하는 사람들, 요양원과 군 막사에 있는 사람들, 병원에 있는 사람들'입니다.[7]

가장 많은 사망자를 가져온 것은 스페인 독감입니다

의학계에서 공식적으로 인정하는 최초의 독감은 1,387년 중세 유럽에서 발병했습니다. 이후 팬데믹을 가져온 독감은 1889년 러시아 독감으로 유럽 대륙에서만 25만 명이 사망했습니다. 1918년 발생한 스페인 독감으로 약 5천만 명이 숨졌습니다. 1957년에는 중국에서 발생한 아시아 독감으로 전 세계적으로 100만 명이 사망했습니다. 1968년 홍콩 독감으로 80만 명이 사망했고, 1977년 러시아 독감으로 30만 명이 사망했습니다.

독감 역사상 가장 많은 사망자를 가져온 스페인 독감은 1918년 3월에 시작해 7~8월 사이에 다시 발병하면서 세계보건기구의 자료에 의하면 무려 5천만 명이 사망했는데, 스페인 독감으로 아시아인들의 피해가 가장 컸습니다. 당시 인도에서만 1천만 명이 죽은 것으로 추정됩니다. 한국은 '무오년 독감'으로 불렸는데, 약 14만 명이 사망했고, 일본은 25만 명이 사망했습니다.

스페인 독감의 가장 큰 특징은 다른 독감과 달리 스무 살에서 서른 살의 젊은이들이 가장 많이 사망했다는 점입니다. 스페인 독감으로 인해 1차 세계대전이 끝났고, 이때부터 세계적인 독감 감시체계가 만들어졌습니다.

독감이 기후변화와 관계가 있다고요?

미국 컬럼비아대학교 연구팀의 제프리 셔먼(Jeffrey Sherman)은 "1918~1920년 스페인 독감, 1957~1958년 아시아 독감, 1968~1969년 홍콩 독감, 2009~2010년 신종 인플루엔자 A가 모두 라니냐가 발생한 이후 일어났다. 라니냐가 독감 바이러스를 운반하는 야생 조류의 이동 양태를 바꾼 결과로 이 같은 네 차례의 유행성 독감이 나타났을 수 있다"라고 밝혔습니다.[8]

라니냐(La Niña)는 동태평양 적도 부근 해수면에 나타나는 이상저온 현상으로, 세계 각지에서 기상이변을 초래합니다. 라니냐가 야생 조류의 이동 경로, 기착지, 털갈이 시기를 변화시키다 보니 평소 어울리지 않던 조류들이 서로 섞이면서 유전적으로 변형된 신종 바이러스를 만들어냈습니다. 그러면서 이에 대한 면역체계를 갖추지 못한 인간을 감염시켰다는 겁니다.

지금까지는 독감이 춥고 건조한 겨울에 많이 발생하는 것으로 알려져 있었습니다. 하지만 2017년부터 2018년까지는 최근 수십 년 동안 가장 따뜻한 겨울이었음에도 중위도의 많은 나라에서 치명적인 독감 유행이 있었습니다. 이에 반드시 춥고 건조한 계절에만 독감이 발생하지 않을 수 있다고 의학자들은 말합니다.

키 리우 박사팀은 '급격한 기상 변동성의 변화는 온난화 기후에서 인플루엔자 유행위험을 증가시킵니다'라는 논문을 발표했습니다.[9] 기후 모델 예측은 온난화 기후에서 가을의 급격한 기상 변동성이 북부 중위도 일부 지역에서 계속 커질 것으로 보고 있습니다. 이러면 21세기 후반에 인구밀도가 높은 지역에서는 독감 유행위험이 2024년 기준으로 이보다 최대 50%까지 증가할 수 있다고 주장했습니다.

또한 인간 면역체계에 영향을 미칠 수 있는 모든 기후변화가 더 많은 독감 유행을 가져올 수 있다고 합니다. 기후변화로 인해 미래에는 더 많은 독감이 유행할 수 있다고 하니 독감을 예방할 수 있는 백신은 꼭 맞아야 하겠습니다.

 반기성 센터장의 꿀팁

독감은 역사적으로 몇 차례의 팬데믹을 가져왔는데, 가장 많은 사람이 희생된 것이 1918년 발생한 스페인 독감입니다. 당시 약 5천만 명이 숨졌고, 가장 많은 사망자가 발생한 나라는 인도로 1천만 명이 사망했으며, 우리나라도 14만 명이 사망했던 독감입니다.

발진티푸스도
기후변화와 관계가 있나요?

"사회주의가 발진티푸스를 물리치거나 발진티푸스가 사회주의를 좌절시키거나 둘 중 하나다."

공산주의 혁명의 아버지라 불리는 레닌(Vladimir Il'ich Lenin)이 한 말입니다. 1차 세계대전 기간에 유럽의 동부전선에서 발진티푸스가 창궐하면서 1917~1921년 동안 러시아인 2천만 명이 발진티푸스에 걸렸고, 이 중에서 무려 300만 명이나 사망했습니다. 이에 레닌이 발진티푸스를 멈추지 못하면 러시아의 공산주의는 죽는다고 말한 것이지요.

기후는 발진티푸스와 밀접합니다. 1815년 4월에 인도네시아에서 탐보라(Tambora)화산이 폭발하면서 전 지구적인 이상기후가 발생합니다. 이로 인한 추위, 식량부족, 전염병의 창궐로 수많은 사람들이

죽어 갑니다. 그리고 유럽 역사에서 가장 널리 창궐한 발진티푸스도
이 때 발생했습니다.

발진티푸스란
무엇인가요?

발진티푸스(Typhus fever)는 세균의 한 종류인 발진티푸스 리케치아
에 의해 감염됩니다. 발진티푸스 리케치아의 병원소(병원체가 증식하면
서 생존해 다른 숙주에 전파될 수 있는 상태로 저장되는 장소)는 사람이지만, 감염
원은 리케치아 균(발진티푸스 리케치아는 0.5~0.7um×1.2~2.5um 크기의 짧은 막
대 모양)을 가지고 있는 환자의 피를 빨아먹은 이(louse)입니다.

균에 감염된 이의 배설물에 리케치아 균이 섞여 나오며, 이는 흡
혈 후 약 3~8일 후에 죽습니다. 사람은 이에 물려서 생긴 상처나 피
부의 찰과상을 통해 이의 배설물에 들어있던 리케치아 균이 몸속으
로 들어와서 감염되기도 하고, 균에 감염된 이의 배설물이 섞인 먼
지를 흡입해 감염되기도 합니다.

발진티푸스 증상은 다양하게 시작합니다. 1~2주의 잠복기 후 갑
작스러운 두통, 오한, 발열, 허탈, 전신의 통증 등의 증상이 나타납니
다. 반상 모양의 발진이 5~6일째 몸통 상부에 나타나기 시작해 전
신으로 퍼져나가지요. 의식장애, 헛소리, 환각 등 중추신경에 관련된
이상 증상이 나타날 수 있고, 발열기에는 맥박증가, 혈압 저하 등의

순환기 장애가 나타납니다. 치료를 받지 않는 경우, 사망률은 나이가 증가할수록 높아지며 10~40%에 이릅니다.[10]

 ## 전쟁 때마다
발진티푸스가 나타났다고요?

발진티푸스는 사람들이 좁은 곳에 모여 있고 환경이 깨끗하지 못할 때 발생합니다. 옛날 전쟁 때 군인들은 비좁은 막사 안에 있었고 제대로 목욕이나 세탁을 하지 못하면서 발진티푸스가 창궐하면 속수무책으로 많은 군인이 죽어갔습니다. 발진티푸스는 위생상태가 불량한 군대에서 주로 발생하기에 '막사 열(camp fever)'로도 불립니다.

발진티푸스와 싸우는 나폴레옹 군대

대표적인 발병 사례들을 살펴보죠. 1489년 스페인 영토 회복 전쟁 중 스페인 군대에서 발진티푸스가 발병하면서 순식간에 1만 5천 명의 스페인 병사가 죽어 나갔습니다. 1528년 나폴리의 스페인군을 포위 공격하던 프랑스군이 발진티푸스로 공격군의 절반인 1만 4천 명이 죽었습니다. 1542년에는 튀르키예군과 싸우던 신성로마제국 군대에 발진티푸스가 발병해 3만 명이 몰살되었습니다.

발진티푸스로 인해 전쟁에서 가장 큰 피해를 보았던 역사적인 사례는 나폴레옹의 모스크바 원정이었습니다. 1812년 6월 24일 러시아를 침공한 프랑스 병력은 총 60만 명이었습니다. 당시는 평년보다 춥고 비가 많이 내렸습니다.

폴란드를 지날 때 장티푸스와 발진티푸스가 발생해 프랑스 병력의 1/5이 죽었지요. 이후 프랑스 군대가 모스크바로 진군해 나가는 동안 발진티푸스가 프랑스 군을 괴롭혔고, 모스크바를 점령한 후 5주 동안 이 열병은 나폴레옹 군을 휩쓸면서 수만 명의 병사를 환자로 만들었습니다.

19세기 말 발칸반도와 남부 유럽에서 간헐적으로 발생하던 발진티푸스는 1차 세계대전 기간에 크게 창궐합니다. 세르비아의 경우 15만 명의 병사가 티푸스로 희생되었고, 러시아인 300만 명이 사망했습니다.

발진티푸스의 증가 추세에
기후변화가 영향을 미칩니다

발진티푸스는 한랭지역의 이가 많은 비위생적인 환경에 사는 사람들 사이에서 발생하는 병이었습니다. 또한 전쟁 또는 기근으로 인해 위생에 신경 쓸 수 없을 때 발진티푸스가 자주 발생했습니다.

발진티푸스는 아시아 태평양 지역의 심각한 공중보건 문제로, 10억 명 이상의 건강을 위협하고 있습니다. 루오(Yizhe Luo)의 연구에 의하면 발진티푸스는 상대적으로 높은 온도, 높은 습도 및 많은 강수량이 발진티푸스 위험 증가와 관련이 있다고 합니다.[11]

우리나라의 장태희 등에 의하면 한국의 발진티푸스 발병률은 지난 수십 년 동안 꾸준히 지속되었습니다. 그의 연구에 따르면 질병 발생률과 기후 요인 간의 관계는,[12] 기후변화는 발진티푸스의 증가 추세에 영향을 미칠 수 있으며 발진티푸스의 발병률이 지구온난화로 변화된 기후 요소의 영향을 받습니다. 기후변화가 진행될수록 불결한 환경에서 발진티푸스는 창궐할 가능성이 있다는 것이지요.

 반기성 센터장의 꿀팁

춥고 서늘한 날씨에서 창궐하는 발진티푸스는 이가 전염시킵니다. 1917년에서 1921년 사이에 러시아에서만 300만 명이 사망했고, 세르비아 병사도 15만 명이 발진티푸스로 사망했습니다. 세계보건기구는 발진티푸스가 2024년 지금도 약 10억 명 이상의 건강을 위협하고 있다고 합니다.

기후변화가 뎅기열 확산에 영향을 주나요?

뼈가 부러지는 듯한 극심한 통증을 느끼는 질병이 무엇인지 아시나요? 바로 뎅기열로, 영어로는 'break bone fever', 즉 뼈가 부러지는 듯한 아픔이 있는 질병이라고 부릅니다.

뎅기열은 뎅기열 바이러스에 의한 바이러스 감염으로, 감염된 모기에 물려 사람에게 전염됩니다. 뎅기열은 북위 30도와 남위 40도 사이의 열대와 아열대 지역에 걸쳐 전 세계적에서 발생합니다. 동남아시아, 태평양지역, 동아프리카, 서아프리카, 카리브해 지역 및 미국에서는 풍토병으로 자리 잡았습니다. 뎅기열은 우리나라에는 없는 병이지만 최근 해외여행이 늘면서 외국에서 감염되는 경우가 늘고 있습니다.

뎅기열에 걸리면
어떤 증상이 나타나나요?

뎅기열을 전파하는 모기는 이집트숲모기로, 이 모기는 낮에 활동하며 우기에 많이 나타납니다. 암컷 모기가 낮 동안에 혈액 내에 바이러스를 가진 사람을 문 뒤에 다른 숙주를 물어 바이러스를 전파하게 됩니다.

잠복기는 대개 5~7일이며, 갑작스러운 발열이 3~5일간 계속되고, 심한 두통, 근육통, 관절통, 식욕부진이 생깁니다. 때로 온몸에 피부 발진이 1~5일간 계속되는데, 초기에는 얼굴, 목 및 가슴 부위에 좁쌀 모양의 발진이 일시적으로 나타나다가 3~4일째에 가슴과 몸통에서 시작해 팔다리와 얼굴로 퍼지게 됩니다.

뎅기열의 심한 형태로 뎅기 출혈열이나 뎅기 쇼크 증후군(dengue hemorrhagic fever)이 있는데, 이 경우 환자는 열이 떨어지면서 일시적으로 호전되는 것처럼 보이다가 상태가 급속히 악화되는 양상을 보인다고 합니다. 매우 심한 쇠약감이나 불안증세가 생기고, 식은땀이 나며, 입 주위가 파랗게 되기도 합니다. 가슴의 늑막에 물이 차고, 배에 물이 차는 복수가 생겨서 배가 불러지는 현상이 생길 수도 있으며, 뎅기쇼크 증후군이 계속되면 장에서 출혈이 생겨 혈변이 나타납니다. 이 경우에는 병의 경과 및 치료 결과가 좋지 않아 사망할 확률이 40~50%에 달합니다.

얼마나 많은 사람이 뎅기열에 걸리나요?

세계보건기구(WHO)에 의하면 2024년 현재 전 세계 인구의 절반이 뎅기열의 위험에 처해 있으며, 매년 약 1~4억 명이 뎅기열에 걸리는 것으로 추정하고 있습니다.[13] 질병 관리청의 역학·관리보고서 1에 의하면[14] 뎅기열은 최근 수십 년 동안 전 세계적으로 발생이 증가한 대표적인 감염병이며, 특히 2022년 뎅기열 발생이 전 세계적으로 급증하면서 우리나라도 뎅기열 환자의 해외유입이 증가하고 있다고 합니다.

세계적인 뎅기열의 발생 동향을 살펴보면, 전 세계적으로 뎅기열 발생이 가장 많았던 2019년 이래로 2020년과 2021년에는 코로나19로 인해 감소했다가 2022년에는 다시 급증하고 있습니다. 뎅기열 환자가 많이 증가한 나라로는 브라질의 경우 전년보다 195%가 늘었고, 베트남 188%, 필리핀 90%, 태국 149%, 라오스가 1,210% 증가했다고 합니다.

우리나라의 뎅기열 발생은 모두 해외유입으로, 2023년 7월까지 107명의 한국인이 해외에서 감염되었습니다. 이 수치는 2022년 같은 기간보다 3.2배나 늘어난 수치입니다. 감염환자는 주로 베트남, 인도, 말레이시아로부터 유입되었습니다.

다음 지도는 뎅기열 발생 지역을 표시한 것입니다. 중남미, 아프리카 동부, 인도, 동남아 지역과 중국 남부 지역은 가장 짙은색으로 뎅

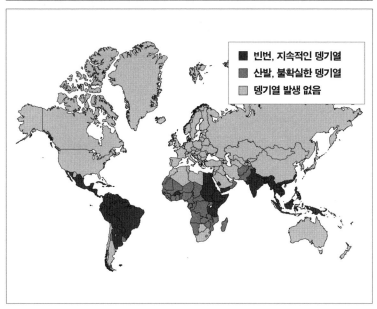

뎅기열 발생지역

- ■ 빈번, 지속적인 뎅기열
- ■ 산발, 불확실한 뎅기열
- □ 뎅기열 발생 없음

출처: CDC

기열이 지속해서 발생하는 위험 지역입니다.

뎅기열을 예방하기 위해서 해외여행을 갈 때는 무엇보다도 모기에 물리지 않도록 각별히 조심해야 합니다. 몸이 노출되지 않는 옷을 입고, 모기장을 사용해야 합니다. 또한 모기퇴치제를 이용하면 뎅기열을 예방하는 데 도움이 됩니다.

뎅기열에 걸린 환자는 회복될 때까지 모기에게 물리지 않도록 해야 합니다. 현재 뎅기열에 대한 특별한 치료법은 없지만 조기 발견 및 적절한 의료 서비스에 대한 접근은 중증 뎅기열의 치사율을 크게 낮출 수가 있다는 것, 꼭 알아두세요!

온도가 오르고 강우량이 늘면 뎅기열이 확산됩니다

　세계보건기구(WHO)에 따르면 뎅기열이 풍토병으로 정착한 나라는 지난 50년간 무려 30배나 늘어 100여 국가가 되었다고 합니다. WHO는 "뎅기열이 새로운 지역(국가)으로 퍼짐에 따라 발병 숫자가 증가하는 정도가 아닌 '폭발적인 발병'이 일어나고 있다"라고 심각성을 전합니다.[15]

　뎅기열의 폭발적인 발병은 다름아닌 기후변화 때문입니다. 2024년 2월 브라질 보건당국은 2024년에 뎅기열 감염환자가 420만 명을 돌파할 것으로 예상했는데,[16] 브라질 보건당국은 "2024년 초에

뎅기열 바이러스를 퍼뜨리는 모기

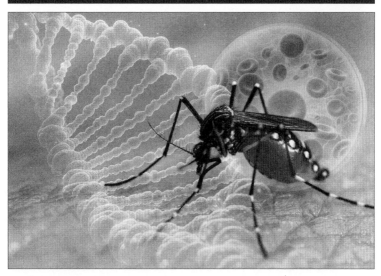

이상 고온과 함께 강수량이 급증하면서 모기 번식지가 대폭 늘었다"라고 말합니다.

남미뿐 아니라 동남아까지 다수의 뎅기열 환자가 보고되고 있습니다. 동남아의 태국 질병 통제국(DDC)은 2024년 1월에 뎅기열 감염 진단을 받은 환자가 8,197명으로 2023년 1월과 비교해 91.2% 증가했다고 밝혔습니다. 말레이시아에서도 2024년 초부터 5주 동안 발생한 뎅기열 감염 사례가 1만 8,247건으로, 2023년의 같은 기간보다 65.6% 증가했다고 합니다.

현재는 저위도 지역에 창궐하는 뎅기열이 기후변화에 힘입어 영국 등 유럽 지역까지 확산할 것으로 영국 보건안전청(UKHSA)은 예상합니다. 기후변화로 기온이 오르고 강우량이 늘고, 무역과 관광 등 해외 교류가 증가하면서 유럽에서 뎅기열이 확산할 수 있는 조건을 갖춘 지역들이 많아진다는 겁니다.

 반기성 센터장의 꿀팁

기후변화로 습하고 기온이 높아지면서 뎅기열을 전파하는 이집트 숲모기의 서식지가 늘어나고 있습니다. 세계보건기구는 매년 최대 4억 명이 뎅기열에 걸린다고 합니다. 우리나라에서 발병하는 뎅기열 환자는 동남아 등 해외에서 감염되는데, 2023년은 7월까지 107명이 감염되었습니다.

영구동토층이 녹으면
바이러스가 부활하나요?

▶ 저자 직강 동영상 강의로 이해 쑥쑥
QR코드를 스캔하셔서 동영상 강의를 보시고
이 칼럼을 읽으시면 훨씬 이해가 잘됩니다!

잠자던 바이러스가 영구동토층에서 깨어나 인간과 동물에게 치명적
일 수 있음을 보여준 사건이 2016년에 발생했습니다. 러시아 시베
리아의 한 자치구에서 12세 목동이 탄저병으로 숨졌는데, 탄저균이
발견된 지역에서는 이미 순록 2300여 마리가 죽었고, 주민 8명이 탄
저균에 감염되었다는 판정을 받았지요.

　이 사건을 조사한 전문가들은 지구온난화로 동토의 땅 시베리아
가 녹으면서 오래전 탄저균에 감염된 동물의 사체가 드러났고 이 균
이 순록과 목동에게 전염되면서 사망하게 된 것이라고 합니다. 즉
영구동토층이 녹으면서 바이러스가 부활한 셈이죠.

영구동토층이 급격히 녹는 건
심각한 지구온난화 때문입니다

고요하게 잠들어있던 영구동토층이 지구온난화로 인해 급격하게 변해가고 있다고 합니다. 극지방이나 그린란드 빙하지대, 시베리아의 영구동토지대는 생물들이 살기 어려울 정도로 춥고, 1년 중 6개월가량 어두운 밤이 계속되는 곳입니다. 그런데 최근 심각한 기후변화로 인해 시베리아 지역의 기온이 지구 평균보다 4배 정도나 더 빠르게 상승하고 있습니다.

특히 너무나 더웠던 2023년의 경우 극지방 여름 최고 기온이 38℃까지 올라가면서 빙하와 함께 영구동토층이 급속하게 녹아내렸습니다. 이로 인해 동토 지대와 빙하 안에 존재하고 있던 치명적인 바이러스들이 빙하가 녹고 동토가 녹아내리면서 세상으로 뛰쳐나올 수 있다는 겁니다.

이런 이론에 불을 붙였던 사건이 1998년에 알래스카의 동토에서 5천만 명 이상의 사망자를 초래했던 스페인 독감의 바이러스를 발견했을 때입니다. 독감 바이러스로 죽은 여성 시신이 알래스카의 동토에 묻혀 있었는데, 동토가 냉동고 역할을 해주면서 바이러스가 그대로 보존되었지요. 그러다가 기후변화로 동토가 녹아 시신이 드러나면서 바이러스가 퍼진 것입니다. 이런 일련의 사건이 발생하면서 빙하 속에 숨어 있는 바이러스에 관한 연구가 활발해졌습니다.

🌡️ 좀비 바이러스가
다시 살아난다고요?

프랑스 엑스마르세유대학 연구팀이 약 4만 8,500년 동안 시베리아 영구동토층에 언 상태로 있던 바이러스가 되살아났다는 분석을 내놓았습니다. 번식력이 유지된 일명 '좀비 바이러스'가 깨어났다는 겁니다.

2023년 3월 19일에 장 미셸 클라베리(Jean-Michel Claverie) 바이러스학과 교수연구팀은 영구동토층 전역의 7개 지역 영구동토층에서 약 4만 8,500년 전 호수 밑에 묻힌 것으로 추정되는 바이러스를 포함해 인류가 처음 보는 바이러스 13종을 발견하고 그 연구결과를 국제학술지 〈바이러스〉에 발표했습니다.[17]

연구팀이 아메바 배양액에 영구동토층 시료를 넣고 아메바의 감염 여부를 확인했더니 13종의 바이러스가 검출되었습니다. 매머드 털에서는 약 2만 2,700년 전 판도라 바이러스 계열의 바이러스도 발견했는데, 모두 새롭게 발견된 바이러스였습니다. 특히 심각한 점은 대부분의 바이러스가 세포를 감염시킬 수 있는 능력을 갖췄다는 것입니다.

연구팀은 "바이러스가 오랜 시간이 지난 후에도 전염성을 가지고 있었다. 고대 바이러스가 깨어나면 인류 건강에 큰 위협이 될 수 있다"라고 심각성을 밝혔습니다.

고대 바이러스가
새로운 팬데믹을 가져올 수 있습니다

2023년 8월 19일에 핀란드 헬싱키대학교, 미국 미시간대학교 등 소속 국제연구진은 기후변화로 영구동토층이 녹아 새어나오는 고대 바이러스가 생태계를 위협할 수 있다는 연구결과를 발표했습니다.[18] 연구팀은 고대 바이러스와 현대 박테리아가 어떻게 상호작용하는지 디지털 모델링을 통해 관찰했습니다. 그랬더니 고대 바이러스의 1% 가 생물 종 다양성을 최대 32% 감소시키는 등 큰 혼란을 일으키더라는 겁니다.

영구동토층에서 매년 바이러스가 4 섹스틸리언(10의 21제곱)이 방출되고 있는데, 이 중의 1%라고 해도 천문학적으로 많은 수준입니다. 심지어 기존 생태계에 성공적으로 정착한 고대 바이러스는 시간이 지나도 죽지 않고 진화하기까지 했다는 겁니다. 연구팀은 고대 바이

기후변화로 나타나는 새로운 바이러스

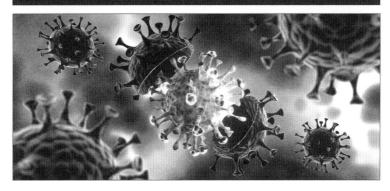

러스가 살아나 인류가 사는 생태계에 큰 위협이 될 수 있다고 우려를 표했습니다.

이 외에 유럽우주기구의 보고서에서는 북극의 영구동토층이 빠르게 녹으면서 항생제 내성 박테리아, 발견되지 않은 바이러스가 나타날 수 있다고 발표했습니다.[19] 보고서에서 영구동토층 깊숙한 곳에 있는 100개 이상의 다양한 미생물들이 항생제 내성을 가진 것으로 밝혀졌다고 말합니다. 그래서 영구동토층이 녹게 되면 이 박테리아들이 녹은 물과 섞여서 새로운 항생제 내성 균주를 만들 가능성이 있다는 것이지요. 연구팀은 기후변화로 인해 지구의 온도가 상승함에 따라 영구동토층에 갇힌 바이러스와 박테리아가 다시 깨어나 지역 야생동물을 감염시킬 가능성이 크며, 새로운 바이러스가 세계적인 팬데믹을 가져올 가능성이 있다고 주장하고 있습니다.

 반기성 센터장의 꿀팁

기온이 급상승하면서 북극권의 영구동토층 얼음 아래 잠들어 있던 바이러스가 깨어나고 있다는 연구가 많이 발표되고 있습니다. 미국 등 국제연구진은 영구동토층의 바이러스가 생태계를 위협할 수 있다고 주장하고 있습니다. 리즈 대학 연구진은 이 바이러스로 새로운 팬데믹이 발생할 가능성이 있다고 합니다.

다음 팬데믹은
코로나 19보다 더 위험할까요?

'어느 날 갑자기 등장해 전 세계를 뒤흔든 의문의 바이러스. 걸리면 100%가 죽는다. 국가 비상사태가 선포된 후 주변의 위협과 커지는 불안감 속에 사랑하는 연인은 살아남기 위한 끝없는 싸움이 시작된다.' 영화 〈팬데믹〉의 광고 내용입니다.

'아무것도 만지지 마라! 누구도 만나지 마라! 첫날에 2명, 다음 날에 4명, 세 번째 날에는 16명, 한 달 뒤에는 10억 명이 죽어간다.' 맷 데이먼이 주연한 영화 〈컨테이젼〉의 광고 내용입니다.

이 영화들은 세계적인 의학자들의 조언을 받아 만들어졌다고 합니다. 정말 그런 일들이 현실화될까요?

세계보건기구(WHO) 집계에 따르면 전 세계적으로 690만 명 이상이 코로나 19로 사망했습니다. 누구도 코로나바이러스로 이렇게 많

은 사람이 죽을 것이라고 예상하지 못 했지요. 그래서 다음에 올 팬데믹은 더 위험할 것으로 예상합니다.

새로운 팬데믹은 코로나 19보다 훨씬 더 위험합니다

"새로운 질병과 사망을 유발하는 또 다른 변이의 위협은 여전히 남아 있으며, 더 치명적인 잠재력을 가진 또 다른 병원체의 위협인 새로운 팬데믹은 여전히 남아 있다." 테드로스 아드하놈 게브레예수스(Tedros-adhanom-ghebreyesus) WHO 사무총장의 말입니다.[20] 그는 미래의 보건 비상사태가 코로나 19 팬데믹보다 훨씬 더 심각할 수 있다고 경고했습니다.

세계경제포럼에서 마이크로소프트의 전 회장인 빌 게이츠(Bill Gates)도 "코로나 19에 이어 또 다른 팬데믹이 올 것이다"라고 전망했습니다. 조지타운대학교의 연구에서는 지구온난화로 향후 50년간 동물 간 바이러스 전염이 1만 5천 건 이상 증가하면서 새로운 팬데믹이 올 것이라고 예상했습니다. 영국 리즈대학교 연구에서는 영구 동토층이 지구온난화로 녹으면서 새로운 바이러스가 출현해 또 다른 팬데믹이 올 것으로 보았습니다.

220개 의학저널은 공통으로 발표한 자료에서 지구의 온도 상승과 자연 생태계 파괴로 인류 건강이 이미 큰 피해를 보고 있으며 향후 더 심각한 팬데믹을 예상한다고 발표하기도 했습니다. 이처럼 많은 의학기관과 의학자들은 기후변화로 인해 조만간 올 것으로 예상하는 팬데믹에 미리 대비해야 한다고 말하고 있습니다.

 과연 무엇이
다음 팬데믹을 불러 올까요?

누구도 코로나 19가 이렇게 많은 사람을 사망하게 할 줄 몰랐던 것처럼 무엇이 다음 팬데믹을 불러올지 알기 어렵습니다. 일부 의학자들은 다음 팬데믹이 앞으로 5년에서 10년 사이에 발생할 수 있다고 말합니다.

미국 국립보건원(NIH)에 따르면 파라믹소바이러스(paramyxovirus)는 척추동물에서 일반적으로 감염을 일으키는 단일 가닥 RNA 바이러스의 일종으로, 다음 팬데믹이 될 수 있다고 보고 있습니다.[21] 전염병대비혁신연합(CEPI)에 따르면 파라믹소바이러스는 핸드라 바이러스, 홍역, 볼거리, 니파 바이러스 및 파라인플루엔자와 같은 감염을 유발할 수 있다고 합니다. 미국 국립 알레르기 및 전염병 연구소(NIAID)의 팬데믹 병원체 목록에도 올라 있습니다.

문 키트 루이(Mun-Keat Looi)는 세계보건기구의 다음번 팬데믹 가능성이 있는 병원체 목록을 소개합니다.[22] 또 다른 변이가 만들어질 수 있는 코로나바이러스, 브라질에 유행했던 지카 바이러스, 악명높은 질병인 에볼라 바이러스, 사망률이 40~70%에 이르는 니파 바이러스, 그리고 전문가들이 예상하지 못했던 새로운 질병인 '질병 X'가 있습니다. 질병 X는 우리 몸에서 한 번도 본 적이 없는 질병으로, 갑자기 빠르게 나타나 높은 전염성과 질병의 심각성을 보여줄 것으로 예상합니다. 질병 X는 심각한 미생물 위협으로 인한 질병에 대한 다소 신비한 이름입니다.

휴버트-이어간 글로벌 보건 센터(HYCGH)의 크리스 우즈(Chris Woods) 의학박사는 바이러스가 다음 팬데믹의 가장 유력한 원인이라고 주장했습니다. 그는 파라믹소바이러스(Paramyxovirus)로 알려진 바이러스의 한 종류를 지목했습니다.[23] 미국 듀크대학교의 교수인 아시야 구사(Asiya Gusa)는 곰팡이를 팬데믹 위협으로 주장합니다. 곰팡이가 전염병을 일으켜 사람들의 뇌를 감염시킬 수 있다는 것입니다. 전염병대비혁신연합(CEPI)의 니콜 루리(Nicole Lurie) 박사는 세계가 "전염병의 새로운 팬데믹 시대에 들어섰다"고 말하고 있답니다.

그럼 어느 지역에서 다음 팬데믹이 발생할 가능성이 가장 클까요? 미국 로이터 통신의 라이언 맥닐(Ryan McNeill) 부편집장은 다음 팬데믹이 발생할 가장 유력한 지역을 아프리카로 지목했습니다. 또한 동남아시아의 일부 지역, 그리고 산림벌채가 심각한 아마존 유역이 될 것이라고 말합니다.

 반기성 센터장의 꿀팁

세계보건기구 사무총장은 새로운 팬데믹은 코로나 19보다 위험할 것이라고 주장했습니다. 한 대학의 연구에서도 동물 간 바이러스 전염이 1만 5천 건 이상 증가하면서 새로운 팬데믹이 올 것이라고 말합니다. 어떤 바이러스가 또 다른 팬데믹을 가져올지에 대한 연구가 진행중입니다.

기후변화와 환경파괴는 동전의 앞뒷면과 같이 서로에게 영향을 줍니다. 전 세계적으로 독성오염물질로 인한 사망자가 코로나 19보다 많았습니다. 인류가 무분별하게 버리는 플라스틱이 환경을 파괴하고 인류의 건강에 나쁜 영향을 줍니다. 기후변화로 미세먼지나 자외선, 오존의 양이 늘어나면서 자연과 건강을 해롭게 하고, 기온이 오르면서 발생하는 대형산불은 생태계를 파괴하는 재앙입니다.

7

환경오염은
기후변화를
더욱 가속화합니다

질문
TOP
43

전자 폐기물의 독성물질이
우리를 죽인다고요?

유엔 인권이사회는 연간 최소 900만 명 이상이 살충제, 플라스틱, 전자폐기물로 인한 오염으로 조기 사망한다는 내용의 보고서를 제출했습니다.[1] 2019년부터 코로나 19 대유행이 시작된 이래 발생한 코로나19 사망자 수의 두 배 이상이 독성물질에 의한 환경 오염의 영향을 받아 사망한 겁니다. 국제 통계사이트 월드오미터에 따르면 2022년까지 코로나 19로 사망한 사람은 약 590만 명에 달한다고 합니다.

대기오염이나 수질오염, 환경오염 등 독성오염으로 인한 사망자는 저소득·저개발 국가에 집중되고 있다고 밝혔는데, 특히 저소득 국가에 가장 치명적인 독성오염물질 중 하나가 전자 폐기물이라고 합니다.

🌡️ 전자 폐기물은
무엇을 말하나요?

　일반적으로 전자 폐기물은 더 필요하지 않거나 작동하지 않거나 구식인 배터리 또는 플러그와 함께 폐기되는 전자 장치를 말합니다. 전자 폐기물에는 램프, 소형 IT 및 통신 장비, 스크린과 모니터, 온도 교환 장비, 대형 장비 및 소형 장비의 6가지 주요 범주가 있습니다. 전 세계적으로 매년 5000만 톤 이상의 전자 폐기물이 발생하며, 이는 지구 인구 1인당 약 7kg의 전자 폐기물에 해당합니다.[2]

　빠르게 발전하는 기술, 전자제품에 대한 소비자의 수요 증가, 제품 수명 주기 단축으로 인해 전자 폐기물은 세계에서 가장 빠르게 늘어나는 폐기물이 되었습니다. 2010년에서 2019년 사이에 전자 폐기물 발생량은 약 60% 증가했으며, 2030년까지 연간 전자 폐기물 생산량은 7,500만 톤에 달할 것으로 예상합니다.

🌡️ 임산부와 어린이가
전자 폐기물에 특히 취약합니다

　세계보건기구는 전자 폐기물 부문에서 일하는 많은 여성과 아동 노동자가 전자 폐기물 노출 위험에 가장 취약하다고 말합니다.[3] 전자 폐기물을 처리할 때 신경독성 물질을 포함한 최대 1천 가지의 화학 물질이 방출되는데, 임산부와 어린이는 독특한 노출 경로와 발달 상태로 인해 특히 취약할 수밖에 없다는 겁니다. 국제노동기구(ILO)는 2020년에 1,650만 명의 어린이가 산업부문에서 일하고 있는 것으로 추정하며, 그중 전자 폐기물 처리에 가장 많은 노동자로 일하고 있다고 합니다.

왜 어린이가 전자 폐기물 작업에 동원될까요? 전자폐기처리를 하는 국가들은 저개발 국가들인데, 이들 나라에서는 어린이에게 일을 시킬 때 비용이 덜 듭니다. 또한 어린이의 작은 손은 전자 폐기물을 분해하는 데 유리하기 때문입니다. 그러다 보니 저개발 국가의 어린이들은 부상의 위험과 높은 수준의 유해 화학 물질에 직접 노출되는 것입니다.

세계보건기구는 전자 폐기물 노출은 임산부와 어린이의 건강에 다음과 같은 영향이 있다고 말합니다. 임산부는 전자 폐기물 일을 할 때 수은과 같은 독성물질로 인해 모유가 오염되고, 사산 및 조산율 증가 가능성이 커집니다. 전자 폐기물에는 납과 수은을 포함해 임신, 유아기, 아동기 및 청소년기 동안 중추 신경계의 발달을 방해할 수 있는 신경독성 물질이 포함되어 있기 때문입니다. 또한 전자 폐기물의 일부 해로운 독성물질은 폐의 구조적 발달과 기능에도 영향을 미칠 수 있습니다. 전자 폐기물로 인한 어린이의 발달 시스템 변경은 돌이킬 수 없는 피해를 주며 악영향을 미칠 수 있다고 경고하고 있습니다.

🌡️ 전자 폐기물은
기후변화와 환경에 큰 영향을 줍니다

먼저 전자제품은 기후변화에 많은 영향을 줍니다. 통상 1t의 노트북을 만들 때 10t의 이산화탄소가 배출되는데, 배출된 이산화탄소는 지구온난화를 일으킵니다.

전자 폐기물은 환경에 매우 나쁜 영향을 줍니다. 3가지 측면에서 전자 폐기물의 위해성을 정리할 수 있습니다.

첫째, 공기에 부정적인 영향을 줍니다. 공기 오염은 전자 폐기물을 분해하거나, 파괴하고 녹일 때 다이옥신과 같은 먼지 입자 또는 독소를 환경으로 방출해 대기 오염을 유발하고 호흡기 건강을 손상시킵니다.

둘째, 토양에 부정적인 영향을 미칩니다. 일반 매립지 또는 불법으로 버려진 장소에서 전자 폐기물을 부적절하게 묻어버리면 중금속 등의 물질이 토양으로 직접 스며들어 지하수를 오염시킵니다. 토양이 중금속으로 오염되면 작물은 이러한 독소를 흡수해 약해지고 생산성이 떨어집니다.

셋째, 물에 부정적인 영향을 미칩니다. 토양 오염 후 수은, 리튬, 납 및 바륨과 같은 전자 폐기물의 중금속이 지하수에 도달하면 연못, 개울, 강 및 호수로 흘러 들어갑니다. 이러면 물이 산성화되고 독소가 만들어져 생태계에 매우 나쁜 영향을 주게 됩니다.

그래서 유엔은 전자 폐기물의 불법 폐기를 막기 위해 1989년 3월

22일 유엔환경계획(UNEP) 후원하에 바젤협약 (Basel Convention)을 체결했습니다. 이 협약은 유해 폐기물의 국가 간 이동 및 교역을 규제하는 협약입니다. 우리도 전자제품을 살 때 꼭 필요한 것인지 다시 한 번 생각해보고, 제품을 다 사용하고 나서는 기부하면 좋겠습니다.

 반기성 센터장의 꿀팁

독성오염물질로 인해 매년 전 세계에서 9백 만 명이 사망하고 있는데, 이 수치는 코로나 19 사망자보다 많습니다. 그런데 독성오염물질 중 심각한 것이 전자폐기물입니다. 특히 전자폐기물로 인해 임산부나 어린이가 가장 큰 피해를 입는다고 세계보건기구는 경고하고 있습니다.

질문
TOP
44

플라스틱 오염이
생태계를 병들게 한다고요?

바다에는 엄청난 양의 플라스틱이 떠 다니고 있는데, 아무도 이 쓰레기를 치우려고 하지 않았답니다. 그런데 네덜란드의 16세 소년 보얀 슬렛(Boyan SLat)은 이 플라스틱 쓰레기가 해양을 죽이고 있다고 생각했지요.

보얀 슬렛은 어린 나이에도 비영리 단체인 오션 클린업(The Ocean Cleanup)을 만듭니다. 그는 코카콜라 등의 대기업으로부터 투자를 받아 시스템을 만들어 5초마다 축구장 크기의 태평양 거대 쓰레기를 청소하고 있습니다. 이들의 목표는 2040년까지 플라스틱의 90%를 청소하는 것이라고 하니 놀랍지 않나요?

오션 클린업의 해양 쓰레기 수거 시스템

출처: 오션 클린업

 플라스틱은
무엇을 말하나요?

플라스틱은 저렴하고 내구성이 뛰어나며 유연하기 때문에 포장에서 의류, 미용 제품에 이르기까지 모든 것에 사용됩니다. 그러다 보니 엄청난 양의 플라스틱이 폐기되고 있습니다.

유엔환경계획의 책임자인 로렌스 밀라 카날스(Llorenc Mila Canals)는 "많은 사람은 우리의 일상생활에 사용되는 플라스틱이 야생동물뿐만 아니라 기후와 인간의 건강에도 중대한 영향을 미칠 수 있다는 것을 인식하지 못한다"라고 말합니다.

2023년 10월 28일에 열렸던 유엔기후환경계획(UNEP) 대회에서 잉거 안데르센(Inger Andersen) 사무총장은 "플라스틱은 우리의 공기,

물, 땅 그리고 신체를 오염시키고 있다. 세계보건기구는 수백만 명의 사람들이 공기, 물, 땅의 플라스틱류의 화학적 오염으로 사망했을 것으로 추정한다. 수많은 생태계와 종들이 오염되고 독살되었다. 수조 달러의 피해가 발생했을 가능성이 크다"라면서 전 지구인들이 플라스틱을 줄이는 일에 참여해야 한다고 촉구했습니다.

플라스틱 폐기량은 도대체 어느 정도인가요?

현재 세계는 매년 4억 톤 이상의 플라스틱 폐기물을 생산하고 있는데, 지금까지 생산된 플라스틱 폐기물의 10% 미만이 재활용되었습니다. 90%의 폐기물은 묻히거나 불에 타거나 버려집니다. 유엔환경계획 발표에 의하면 90%의 폐기물 중에서 46%는 매립되고, 22%는 잘못 관리되어 쓰레기가 되며, 나머지가 불에 타거나 바다로 흘러 들어갑니다. 그런데 플라스틱은 생분해되지 않고 500년 이상 남아 있으므로 이로 인해 해양동물들이 질식되고, 토양이 오염되며, 미세플라스틱으로 인해 동물과 사람들의 몸속에서 건강에 나쁜 영향을 주는 등 생태계와 인간의 건강에 매우 위협이 되는 것입니다.

또한 플라스틱은 기후위기에도 영향을 줍니다. 2019년에 플라스틱은 전 세계 온실가스 배출량의 1.8%인 3억 이산화탄소 상당량을 만들어냈습니다.

그린피스에 따르면, 한국의 1인당 플라스틱 배출량은 전 세계에서 3위라고 합니다. 이렇게 많은 플라스틱의 물리적 재활용률은 27%에 불과하다고 합니다. 국회입법조사처가 2020년 12월에 발표한 '일회용 포장재 재활용 활성화를 위한 보증금제도 도입방안' 보고서에 따르면 국내 페트병 수거율은 85%에 달하지만, 실제 재활용률은 10%에 불과하다고 합니다.

문제는 플라스틱의 폐기량이 앞으로 더욱 늘어난다는 것입니다. 2023년 3월 22일에 코리아 그린피스는 충남대 장용철 교수의 플라스틱 소비에 관한 연구를 게재했는데,[5] 아래 그림에서 보는 바와 같

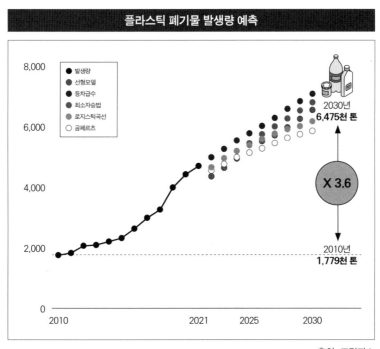

플라스틱 폐기물 발생량 예측

- 발생량
- 선형모델
- 등차급수
- 최소자승법
- 로지스틱곡선
- 곰페르츠

2030년
6,475천 톤

X 3.6

2010년
1,779천 톤

출처: 그린피스

이 2020년 플라스틱 폐기물은 427만 톤이었지만 2030년에는 647만 톤으로 급격히 증가할 것으로 예상된다고 합니다. 이 양은 2010년에 비해 3.6배나 되는 어마어마한 양입니다.

플라스틱이 해로운 이유와 없애는 방법

플라스틱이 해로운 이유 6가지는 다음과 같습니다.

첫째, 플라스틱은 영영 사라지지 않기 때문입니다. 플라스틱은 생분해되지 않고 그저 더 작고 작은 조각들로 분해될 뿐인데, 학자들은 폐기 플라스틱은 2,000년 이상 환경에 남아 있다고 말합니다. 둘째, 인체 건강에 영향을 줍니다. 플라스틱에서 독성 화학 물질이 흘러나와 거의 모든 사람의 혈액과 조직에서 발견되고 있습니다.

셋째, 지하수를 오염시킵니다. 매립지에 묻힌 플라스틱에서 독성 화학 물질이 배출되어 지하수로 스며듭니다. 넷째, 야생동물이 플라스틱에 뒤엉키거나, 먹이로 착각해 섭취할 위험이 있습니다. 다섯째, 플라스틱은 환경에 쌓입니다. 재활용되는 것은 10% 미만입니다. 여섯째, 우리의 먹이사슬을 파괴하고 있습니다. 일곱째, 플라스틱을 줄이려면 수십억 달러의 엄청난 비용이 소요됩니다.

플라스틱의 피해를 줄이는 가장 좋은 방법은 플라스틱 사용을 줄이는 것입니다. 유엔식량농업기구(FAO)는 '플라스틱 의존도를 줄이

는 5가지 방법'을 발표했습니다.[6]

첫째, 일회용 플라스틱은 피해야 합니다. 둘째, 화장품과 미용 제품에는 미세플라스틱이 많이 함유되어 있다는 인식을 해야 합니다. 셋째, 재사용 가능한 물병을 사용해야 합니다. 넷째, 휴지통을 활용해야 합니다. 다섯째, 플라스틱을 재활용하는 기술을 더욱 발전시켜야 합니다. 우리나라의 경우 환경부는 현재 폐플라스틱 열분해 처리 비중을 0.1%에서 2030년까지 10%로 높여 순환경제 및 2050년 탄소 중립 실현을 선도할 계획이라고 밝히고 있습니다.

 반기성 센터장의 꿀팁

세계보건기구는 공기, 물, 땅의 플라스틱류의 화학적 오염으로 수많은 생태계와 종들이 오염되고 독살되었으며, 수조 달러의 피해가 발생했을 가능성이 크다고 주장합니다. 매년 전 세계에서 4억 톤 이상의 플라스틱 폐기물이 발생하는데, 이 중 90%는 묻히거나 불에 타거나 버려지면서 생태계를 병들게 하고 있습니다.

질문 TOP 45

미세플라스틱이 우리를
위험에 빠트린다고요?

▶ **저자 직강 동영상 강의로 이해 쏙쏙**
QR코드를 스캔하셔서 동영상 강의를 보시고
이 칼럼을 읽으시면 훨씬 이해가 잘됩니다!

건강에 너무 나쁜 미세플라스틱이 많이 배출되다 보니 유럽연합은
2024년 1월 29일에 도시 하수에서 미세플라스틱을 제거하는 데 필
요한 비용을 제약 회사와 화장품 회사 등에 부담시키기로 합의했다
고 합니다. 구체적인 기준도 정했는데, 인구 1천 명 이상의 도시 지
역 하수 처리에 새로운 미세오염물질 기준을 적용하고, 오염물질 처
리에 드는 추가 비용의 80%를 배출 기업에 부과하기로 했습니다.
나머지 20%는 정부가 부담하게 됩니다. 오염을 배출하는 곳이 책임
을 지라는 것입니다.

미세플라스틱은
무엇을 말하나요?

미세플라스틱은 크기가 5mm 미만의 매우 작은 플라스틱으로 형태는 조각(fragment)이나 알갱이(sphere), 섬유(fiber) 등으로 다양합니다.[7] 거의 눈에 보이지 않는 미세플라스틱 입자는 우리의 환경을 오염하고, 우리의 건강을 위협하고 있습니다.

미세플라스틱은 생성 기원에 따라 1차 미세플라스틱과 2차 미세플라스틱으로 나뉩니다. 1차 미세플라스틱은 치약, 세안제, 각질제거제 같은 생활용품에 포함되어 있습니다. 2차 플라스틱은 큰 플라스틱 제품이 파도, 해류, 바람, 자외선 등에 의해 자연적으로 분해되

하와이 카밀로 해변에서 발견된 미세플라스틱

출처: 미국 5 자이어스 연구소

어 매우 작아진 것입니다.

그런데 미세플라스틱은 해저는 물론 북극 해빙까지 전 세계의 모든 바다에 존재합니다. 비영리 보존 단체 오세아나(Oceana)에 따르면 매년 약 1,500만 톤의 플라스틱 쓰레기가 바다로 유입되어 작은 미세플라스틱으로 만들어집니다. 5 자이어스 연구소(5 Gyres Institute)가 2023년 3월에 발표한 연구에서는 바다에 170조 개의 플라스틱 조각이 있는 것으로 추정한다고 합니다.[8]

 ## 미세플라스틱은 어디에서 발견되나요?

맨발로 해변을 산책하면 즐겁습니다. 그러나 발 밑에서 기분 좋게 거칠고 자연스럽게 느껴지는 것은 단순한 모래알뿐이 아닙니다. 점점 더 많은 미세플라스틱 입자가 모래와 섞여 있지요.

그런데 해변의 미세플라스틱은 문제의 작은 부분일 뿐입니다. 세계의 바다에는 훨씬 더 많은 미세플라스틱이 있는데, 바다 표면에서만 약 5조 2,500억 개의 플라스틱 입자가 떠다니고 있으며 그 무게를 합치면 26만 9천 톤에 달합니다. 이는 대왕고래 약 2,150마리의 무게와 맞먹을 정도입니다. 플랑크톤과 조류는 미세플라스틱을 먹어 무거워지면서 가라앉게 되고, 깊은 바다까지도 미세플라스틱으로 오염되어 있습니다.[9]

최근 연구에 의하면 미세플라스틱은 바람이나 해류에 의해 더 먼 지역까지 운반된다고 합니다. 뉴질랜드 캔터베리대 연구팀이 남극 로스빙붕 19곳에서 채취한 모든 표본에서 미세플라스틱이 검출된 것입니다.[10] 이젠 미세플라스틱으로부터 안전한 곳은 한 군데도 없다는 것을 알아야 합니다.

해양수산부는 우리나라 연안의 미세플라스틱의 오염도는 하와이의 2배, 브라질·칠레·싱가포르보다 100배 이상 심각하다고 밝혔습니다. 한국해양과학기술원(KIOST) 남해연구소 심원준·홍상희 박사 연구팀이 남해의 마산만과 진해만 지역을 연구한 결과 40여 년 만에 미세플라스틱 종류가 2종에서 20종으로 대폭 늘어나 미세플라스틱으로 인한 바다오염이 가속되고 있다고 합니다.

 ## 미세플라스틱은
폐나 혈액까지 침투합니다

미세플라스틱의 크기에 따라 건강 위험도는 제각기 달라집니다. 150μm보다 작은 미세플라스틱 입자는 장 점막을 통해 흡수되어 림프계로 들어갈 수 있습니다. 110μm보다 작은 미세플라스틱 입자는 문맥을 통해 혈류에 들어갈 수 있으며, 20μm보다 작은 미세플라스틱 입자는 혈류를 통해 내부 장기로 들어갈 수 있다고 합니다. 이보다 작은 100nm 미세플라스틱 입자는 뇌, 생식 기관 및 태반 장벽을 통해 태아에게 영향을 끼칠 수도 있다고 합니다.

영국 헐 요크 의과대학 연구팀은 미세플라스틱 입자가 살아 있는 사람의 폐에서 검출되었다고 밝혔습니다.[11] 연구진이 폐 수술을 받은 환자 13명에게서 뗀 조직을 0.003mm 단위까지 분석했더니, 11명에게서 미세플라스틱 성분이 검출되었다는 겁니다. 또한 네덜란드 암스테르담 자유대학교 연구팀의 연구에 의하면 사람의 혈액 속에서도 미세플라스틱을 발견했다고 합니다. 건강한 네덜란드 성인 22명 중 17명에게서 측정 가능한 수준의 혈중 미세플라스틱이 나왔다고 합니다.

미세플라스틱은 여러 장기에 침투해 산화 스트레스를 유발해 염증 및 알레르기 반응을 유발할 수 있으며, 매우 심한 경우에는 암이나 사망으로 이어질 수 있습니다. 영국 그레셤대학교의 이안 머드웨이(Ian Mudway) 박사는 인간의 혈액, 태반 및 간, 폐, 결장에서 미세플라스틱이 검출되어 사람들의 건강에 매우 나쁜 영향을 미칠 수가 있다고 말합니다.[12] 결국 우리 건강을 위해서 미세플라스틱 사용을 줄여야만 하겠지요.

 반기성 센터장의 꿀팁

한 연구에서는 2023년 기준 바다에 170조 개의 미세플라스틱 조각이 있다고 합니다. 우리나라의 미세플라스틱 오염도는 브라질이나 칠레보다 100배 이상 심각합니다. 문제는 미세플라스틱이 폐나 혈액까지 침투하면서 건강에 나쁜 영향을 준다는 것입니다.

질문 TOP 46

하늘의 미세먼지가 끔찍한 독성물질이라고요?

▶ **저자 직강 동영상 강의로 이해 쑥쑥**
QR코드를 스캔하셔서 동영상 강의를 보시고
이 칼럼을 읽으시면 훨씬 이해가 잘됩니다!

"마침내 미세먼지가 온 세상을 뒤덮었다!" 프랑스 영화 〈인 더 더스트(In the dust)〉의 광고 내용인데요. 파리에 지진과 함께 미세먼지가 차오르는 사상 초유의 재난이 발생합니다. 수많은 사람이 죽어가면서 파리시민의 60%가 죽지요. "최첨단 인공 지능으로 병을 치료하는 미래이지만 미세먼지만은 국가도 사람도 할 수 있는 것이 없습니다"라고 이 영화의 감독은 말합니다.

필자는 대학에서 미세먼지를 강의할 때면 이 영화를 학생들에게 보여줍니다. 우리가 대처하지 않는다면 바로 이 영화의 장면들이 지구와 인류의 미래라고 말이지요.

미세먼지란 무엇을 말하며,
어디에서 만들어지나요?

미세먼지(PM10)는 지름이 $10\mu m$(마이크로미터, $1\mu m$=1000분의 1mm) 이하의 먼지를 말합니다. 여기에서 P는 particulate(미립자 상태), M은 matter(물질)의 머리글자입니다. 그러니까 PM은 '대기 중에 떠도는 고체나 액체의 작은 입자상물질'을 뜻합니다. 미세먼지 중 현재 관측하는 입자 크기가 가장 작은 미세먼지를 초미세먼지(PM2.5)라 부르며, 지름 $2.5\mu m$ 이하의 먼지입니다. 2.5~$10\mu m$ 사이를 거친 미세먼지(PM10)라 합니다. 미세먼지의 양을 측정하고 표현할 때 질량($\mu g/m^3$) 단위를 사용합니다.

우리나라에서 미세먼지를 가장 많이 배출하는 부문은 산업 부문인데, 우리나라에서 만들어지는 미세먼지 중 41%(발전은 제외)를 차지

미세먼지를 일으키는 공장 매연

합니다. 자동차나 선박, 항공기 등 수송부문에서 발생하는 미세먼지가 전체의 29%입니다. 석탄발전 등에서 발생하는 미세먼지는 12%를 차지합니다. 그리고 우리 생활 주변에서 발생하는 미세먼지의 양이 전체의 18%나 됩니다. 생활권에서 미세먼지가 발생하는 곳으로는 도로에서 다시 날리는 먼지, 건설공사장의 날림먼지, 농촌에서 발생하는 미세먼지 등이 있습니다.

우리나라에서 초미세먼지가 가장 나쁜 곳은 어디인가요?

통계청은 우리나라 초미세먼지 농도가 경제협력개발기구(OECD) 국가 중 가장 나쁘다고 발표했는데,[13] 2020년 우리나라의 초미세먼지 농도는 25.9$\mu g/m^3$였습니다. 다만 국내 초미세먼지 농도 실측값은 2020년 이후 하락하는 추세를 보입니다.

2024년 1월에 환경부가 발표한 자료를 보면 실제로 초미세먼지 농도는 계속 낮아지고 있습니다.[14] 황사 발생일을 제외한 전국의 연평균 초미세먼지 농도는 2020년 19$\mu g/m^3$, 2021년 18$\mu g/m^3$, 2022년 17$\mu g/m^3$로 감소 추세를 보이고 있습니다.

그럼 우리나라에서 가장 초미세먼지가 나쁜 곳은 어디일까요? 도시 지역에서 2022년 기준 연중 초미세먼지 오염이 가장 심한 곳은 경기도 여주와 평택입니다. 여주와 평택의 연평균 초미세먼지 농도는 23$\mu g/m^3$로, 세계보건기구의 권고기준치를 4배 이상 초과했습니다. 그다음으로 초미세먼지 농도가 높은 도시 지역은 22$\mu g/m^3$를 기록한 경기 시흥·안성·이천, 충북 음성, 충남 천안·당진·아산, 전북 부안·김제, 경북 영주 등이었습니다.

 ## 미세먼지는
건강에 매우 나쁩니다

"미세먼지(PM10) 농도가 월평균 1%씩 1년 동안 높아지면 미세먼지 관련 질환을 앓는 환자 수가 260만 명가량 증가한다." 성균관대, 순천향대, 경상대 등 공동연구진의 연구내용입니다.[15]

"미세먼지가 심한 지역에 사는 임신부는 그렇지 않은 지역에 사는 임신부보다 미숙아를 나을 위험성이 높다." 경희대병원 등 공동연구팀이 174만 2,183건의 출생기록을 분석한 결과도 있습니다.

뇌를 망가뜨리는 주범이 미세먼지라는 연구가 있는데,[16] 서울대병원 박진호 교수 등 연구팀은 미세먼지에 많이 노출될수록 뇌가 손상돼 증상 없이 뇌혈관질환 발생위험이 커진다는 사실을 MRI(뇌 자기공명영상) 분석을 통해 처음 확인했습니다.

2024년 2월 12일에 국제공동연구팀은 초미세먼지가 뇌 기능을 변화시켜 자살 충동에 영향을 미친다는 사실을 밝혔습니다. 이 연구는 전 세계 자살자의 16%가 발생하는 중국에서 초미세먼지와 자살

률의 연관성을 최초로 분석했지요.[17]

미세먼지는 치매, 정신병과도 연관성이 있습니다. 미국 컬럼비아 대학교와 공동연구팀은 낮은 초미세먼지 농도라도 몇 주 정도 노출되면 치매 위험이 커진다는 연구결과를 발표했습니다.[18]

초미세먼지는 간암, 대장암, 방광암, 신장암의 사망률, 미세먼지는 췌장암과 후두암의 사망률을 증가시킵니다.[19] 우리가 건강하게 살기 위해서는 미세먼지를 지속적으로 줄여 나가야 합니다.

 반기성 센터장의 꿀팁

미세먼지는 공장 등 산업 부문에서 가장 많이 만들어집니다. 자동차나 항공기 등 수송 부문, 석탄발전 등 에너지 부문, 우리 생활 주변에서 만들어집니다. 미세먼지가 몸안에 들어오면 호흡기뿐만 아니라 심장질환, 각종 암과 치매, 우울증을 일으키는 매우 독성이 높은 물질입니다.

매년 320만 명이
실내 공기오염으로 숨진다고요?

▶ 저자 직강 동영상 강의로 이해 쑥쑥
QR코드를 스캔하셔서 동영상 강의를 보시고
이 칼럼을 읽으시면 훨씬 이해가 잘됩니다!

"서울은 연간 실내의 초미세먼지 평균치가 실외보다 53%가 더 높은 것으로 나타났습니다." 2024년 1월 18일 다이슨이 세계 공기청정기 250만대로 조사한 공기 질 연구 발표 내용입니다. 이들은 2가지 유형의 공기 오염물질인 초미세먼지와 휘발성 유기화합물(VOCs)에 중점을 두고 연구했는데, 한국은 OECD 가입국 31개 나라에서 실내 초미세먼지 농도가 다섯 번째로 높았습니다. 농도가 가장 높은 나라는 인도이었고 두 번째 나라는 중국이었습니다. 도시 중에서는 인도의 델리가 가장 높았고 두 번째가 중국의 베이징이었으며, 부산이 다섯 번째로 높은 도시였다고 합니다. 실내오염 농도가 높으면 그만큼 건강이 나빠집니다.

🌡️ 실내오염 물질은 무엇을 말하나요?

실내오염 물질은 다음과 같이 크게 10가지 종류로 분류할 수 있습니다.

첫 번째는 미세먼지로, 실내 미세먼지는 조리, 난방 등 연소 기구에서의 연소과정, 실내바닥에서 발생하는 먼지로 발생합니다. 두 번째는 폼알데하이드로, 접착제, 실내가구, 담배 연기 등에서 방출되는데, 새집증후군이나 아토피피부염의 원인입니다. 세 번째는 총 부유세균으로, 실내공기 중에 부유하는 세균을 말합니다. 먼지나 수증기 등에 부착되어 생존하지요.

네 번째는 이산화질소로, 실내에서 발생하는 이산화질소의 발생원인은 취사용 시설이나 난방, 흡연 등에서 발생합니다. 다섯 번째는 이산화탄소(CO_2)로, 조리나 난방시설, 인간의 호흡 활동에서 많이 배출됩니다. 여섯 번째는 일산화탄소로, 취사나 난방의 연소과정에서 발생합니다. 농도가 높으면 죽게 됩니다.

일곱 번째는 라돈으로, 각종 생활 밀착형 제품들에 깊숙이 자리 잡고 있어서 환기가 잘 되어야 합니다. 여덟 번째는 휘발성 유기화합물로, 흡연, 자동차 배기가스, 페인트나 접착제 등 건축자재, 요리나 난방에서 발생합니다. 아홉 번째가 석면으로, 석면 시멘트란, 석면 슬레이트, 바닥용 타일, 마감재 등에서 발견되는데 이 물체들은 실내에 다양한 형태의 석면섬유들을 발생시켜 폐암을 유발합니다.

열 번째는 오존으로, 실내에서는 사무실 등에서 사용하는 복사기, 레이저프린터, 팩스 등에서 발생합니다.

🌡️ 왜 실내공기가 더 나쁜가요?

미세먼지 농도가 나빠지면 사람들은 마스크를 쓰고 건강을 챙깁니다. 그런데 실외오염보다 더 위험한 것은 실내오염이라는 것은 잘 모릅니다. 세계보건기구의 통계에 의하면 공기 오염으로 사망하는 사람의 61%가 실내공기 오염이라고 합니다. 놀랍지 않나요?

그런데 가만히 생각해보면 이 데이터가 맞다는 생각이 듭니다. 통계청의 조사를 보면 우리나라 사람들은 하루 24시간 중 집에서 59.5%를 보내고, 직장이나 학교 등의 실내에서 28.3%, 대중교통이나 자동차 등에서 7.2%를 지냅니다. 그렇다면 바깥에서 보내는 시간은 겨우 5.2%에 불과하지요. 그러니까 실내에서 보내는 시간이 실외보다 19배 정도 많다는 겁니다. 그러니 실내오염으로 피해를 볼 확률이 높아질 수밖에 없습니다.

그렇다면 실내공기는 왜 이렇게 오염되는 것일까요? 에너지 효율을 높이기 위해 실내 공간이 점점 밀폐되어 가고 있다 보니 공기의 환기가 부족합니다. 복합화학물질로 구성된 건축자재 사용이 증가하다 보니 휘발성 유기화합물이나 폼알데하이드가 배출됩니다. 가스레인지나 난로에서는 일산화탄소나 이산화탄소가 배출되며, 욕실 등의 습한 장소에서는 곰팡이, 세균, 암모니아 가스가 많지요. 또 카펫, 쿠션, 담요 등에서는 진드기 등 미생물 성 물질이 있습니다. 사람들이 요리하거나 생활하면서 미세먼지나 이산화탄소가 만들어집니다. 이런 것들이 복합적으로 발생하면서 실내공기 오염의 농도를 증가시키는데, 세계보건기구가 실내공기 오염의 독성이 실외 공기의 2~5배 수준이라고 밝힌 것은 바로 이 때문이랍니다.

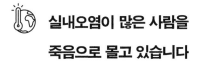

실내오염이 많은 사람을 죽음으로 몰고 있습니다

가정 실내오염은 2020년에 5세 미만 어린이의 237,000명 이상의 사망을 포함해 연간 약 320만 명의 사망자를 초래했다고 세계보건기구가 발표했습니다.[20] 사망자 320만 명 중에서 32%는 허혈성 심장질환으로 인한 사망입니다. 23%는 뇌졸중으로 인한 사망으로, 이들은 고체연료나 등유를 사용해 발생하는 가정 실내오염에 노출된 것이 원인으로 보입니다. 21%는 하기도 감염으로 발생합니다. 5세 미만 어린이의 사망자의 44%는 폐렴으로 인한 사망이고, 19%는 가난한 나라 어린이의 만성 폐쇄성 폐질환(COPD)에 의한 사망입니다. 6%는 폐암으로 사망하는데, 등유 또는 나무, 숯 또는 석탄과 같은 고체연료를 사용해 발생하는 가정용 대기오염이 원인입니다.

2019년 가정의 실내오염으로 인해 약 8,600만 명의 건강 수명이 손실되었으며, 저소득 및 중간 소득 국가에 사는 여성들의 건강에 나쁜 영향을 주었습니다. 5세 미만 어린이의 하기도 감염으로 인한 모든 사망의 거의 절반은 가정 대기오염으로 인한 그을음 흡입으로 인해 발생한다고 합니다. 가정의 실내오염은 뇌졸중, 허혈성 심장질환, 만성 폐쇄성 폐 질환(COPD) 및 폐암을 포함한 비전염성 질병으로 이어지는 무서운 결과를 불러옵니다. 이런 실내오염을 줄이기 위해서는 환기하는 것이 가장 좋은데, 만일 외부 공기가 나쁠 때는 환기 청정기를 사용해주는 것이 가장 좋습니다.

 반기성 센터장의 꿀팁

실내의 공기오염도가 실외보다 높습니다. 사람들은 실외보다 실내에서 보내는 시간이 19배나 더 많다 보니 피해가 심해집니다. 세계보건기구는 가정 실내오염으로 연간 약 320만 명이 사망했고 8,600만 명의 건강 수명이 손실되었다고 합니다.

질문
TOP
48

기후변화로 인해
자외선의 양이 늘어나나요?

2012년 4월 저명 의학 학술지 '뉴잉글랜드 저널 오브 메디신'(NEJM)
에 실린 논문에 한 장의 충격적인 사진이 공개되었습니다. 미국에서
28년간 배달 트럭을 운전한 69세 남성의 얼굴 사진이었는데, 정상
적인 피부인 오른쪽 뺨과 달
리 왼쪽 뺨에는 피부 손상이
심각한 상태였다고 합니다.

이 논문을 발표한 미국 시
카고 노스웨스턴대학교 연구
팀은 오랜 기간에 걸쳐 얼굴
한쪽만 햇빛에 직접 노출되
면서 광범위한 피부 노화가

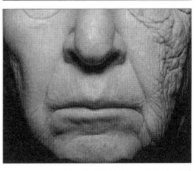

8년간 배달 트럭을 운전한
69세 미국 남성의 얼굴 모습

출처: 국제 학술지 〈NEJM〉 논문 발췌

이루어졌다고 진단했습니다. 연구팀은 특히 이 노인의 주름에 대해 마치 산등성이처럼 골이 파인 게 두드러진다고 표현했는데, 자외선에 지속해서 노출되었을 때의 피부 손상을 바로 보여주는 사례라고 말합니다.

 ## 자외선은
무엇인가요?

자외선(紫外線, ultraviolet ray)은 1801년 독일의 화학자 빌헬름 리터 (Johann Wilhelm Ritter)가 처음 발견했습니다. 태양광은 파장이 긴 순서로 적외선, 가시광선, 자외선, X선으로 나뉘는데, 가시광선 역을 벗어나기 때문에 사람의 눈에 보이지는 않습니다.

자외선은 X선보다 투과성이 작지만 가시광보다 에너지가 높으므로 사람의 피부나 작은 생물체에 영향을 주기에 살균·소독기 등으로 사용되기도 합니다.

자외선은 파장에 따라 3가지 종류의 자외선으로 나뉩니다. 가장 파장이 긴 자외선A는 320~400nm 파장 영역으로 90% 이상이 지표면에 도달합니다. 파장이 길어 유리창을 통과하고, 장기간 노출 시 주름과 피부 노화에 영향을 줍니다. 두 번째로 파장이 짧은 자외선B는 280~320nm 파장 영역으로 10% 정도만이 지표에 도달하는데, 에너지가 강해서 장기간 노출 시 피부암, 백내장 등을 유발합니다.

그러나 체내에 필요한 비타민 D를 합성해 건강에 도움을 주는 자외선이기도 합니다. 파장이 가장 짧고 위험한 자외선 C는 성층권의 오존층에서 다 차단해주기 때문에 지표면에 도달하지는 않습니다.

자외선이 가장 강한 달은 언제이며, 자외선이 강한지는 어떻게 아나요?

옛날 우리 속담에 "가을빛은 딸에게 쬐고, 봄빛은 며느리에게 쪼인다"라는 말이 있습니다. 봄빛에는 많은 자외선이 포함되어 있어 쉽게 기미가 끼고 얼굴이 금방 타기 때문에 시어머니들이 미운 며느리를 밭에 내보내 온종일 봄볕을 쬐게 하고, 사랑하는 딸은 자외선의 양이 적은 가을에 바깥일을 시켰다고 하지요. 정말로 그랬을까 싶지만 실제로 봄빛에는 피부를 상하게 하는 자외선이 가을보다 강합니다.

그러나 가장 강한 자외선은 여름입니다. 우리나라에서 연중 평균 자외선지수가 가장 높은 달은 7월로 8.1 정도 되고, 두 번째로 높은 달이 8월로 8.0, 세 번째로 높은 달이 6월로 7.5 정도 됩니다. 그러니까 햇빛이 가장 강하고 일사량이 많은 여름철에 자외선지수가 가장 높습니다. 가장 낮은 달은 겨울철인 12월로 1.8, 1월이 2.0 정도로 일사량이 적은 겨울철에 연중 가장 낮은 지수를 보입니다.

우리가 자외선이 얼마나 강한지를 알기 위해서는 기상청의 자외선

지수 예보를 알면 됩니다. 기상청에서는 자외선지수를 연중 매일 8회 (3시간 간격) 발표하는데, 기간은 4일간 예측해 서비스하고 있답니다.

 ## 자외선은
기후변화의 영향을 받는다고요?

자외선은 성층권 오존층의 변화와 지구 기후변화의 영향을 받습니다. 성층권 오존이 감소하면 더 많은 자외선이 지구 표면에 도달하고, 반대로 기후변화와 관련된 구름 덮개 증가, 오염, 먼지, 산불로 인한 연기 및 기타 공기 중 및 수중 입자의 증가는 자외선 투과를 감소시킵니다.[21]

폴 바르네스(Paul W. Barnes)의 다른 연구에 따르면 모델 시뮬레이션, 구름 덮개 및 에어로졸 농도에 사용된 온실가스 시나리오에 따라 세기말까지 열대 및 중위도에서 각각 3-8%의 자외선지수가 높아질 것으로 예상합니다. 기후변화로 인한 폭염과 가뭄 등으로 인한 태양에너지가 늘어나게 되면 자외선의 양도 늘어나게 됩니다.

기후변화를 막기 위한 온실가스 배출량을 줄이게 되면 자외선지수는 높아지게 됩니다. 또 심한 폭풍우가 발생하는 경우 성층권 하부에 주입된 수증기는 오존을 파괴하면서 지표면의 자외선 증가로 이어지기도 합니다.

그러나 몬트리올의정서로 프레온가스 사용이 금지되면서 오존층

파괴가 줄어들기 때문에 앞으로 자외선량은 줄어들 가능성이 있습니다. 기후변화로 늘어나고 있는 산불에서 배출되는 연기나 에어로졸은 자외선지수를 낮출 수도 있습니다.

자외선이 생태계에 주는 영향도 큽니다. 식물과 조류, 특히 대기 중 산소의 약 절반을 생산하는 식물성 플랑크톤의 광합성을 억제하고, 농업에 영향을 미치면서 일부 작물의 수확량과 품질을 떨어뜨립니다.

 ## 자외선에는
어떻게 대응해야 하나요?

가장 좋은 방법은 자외선이 강한 정오 전후 2시간에는 될 수 있는 대로 외출을 하지 않는 것입니다. 그리고 외출할 때는 반드시 모자와 선글라스를 챙겨야 합니다. 노출된 피부가 작도록 긴 옷을 입어주는 것이 좋습니다.

가장 중요한 것이 자외선 차단제를 사용하는 것인데, 차단제는 햇볕 쬐는 날뿐만아니라 흐린 날에도 자외선 차단제를 사용해주는 것이 좋습니다. 자외선 차단제 때문에 피부에서 비타민 D가 충분히 생성되지 않을까 걱정하는 분들이 있는데, 대부분의 연구는 자외선 차단제 사용이 신체의 비타민 D 농도에 거의 또는 전혀 영향을 미치지 않는다고 합니다. 그리고 자외선 차단제의 사용은 차단제의 효과가

떨어지는 3~4시간마다 덧발라주어 효과를 지속시켜주는 것이 좋습니다.[22]

차단제를 바르더라도 모든 자외선을 막을 수는 없으므로 외출한 후에는 몸을 깨끗이 씻고 비타민을 먹고 물을 충분히 마시고 휴식을 취하면 자외선으로 손상당한 피부를 회복시킬 수 있다는 것, 알아두면 좋겠네요.

 반기성 센터장의 꿀팁

기후변화로 인해 자외선의 양이 늘어나고 있습니다. 자외선에 노출되면 피부암 발생 가능성이 높아집니다. 기미나 주름도 발생합니다. 안구손상도 늘어나죠. 우리 몸의 면역력을 저하시켜 감염병에 걸리기 쉽고, 피부를 노화시키기도 합니다.

오존으로 인해
사망률까지 증가하나요?

1950년대 미국의 로스앤젤레스에서 맑은 날씨인데도 하늘이 뿌옇고, 많은 사람이 눈과 목이 아파 병원에 입원하는 사태가 발생했습니다. 정부는 모든 역학조사를 해봤지만 원인을 밝혀낼 수 없었습니다. 그런데 이런 현상은 오후 2~3시경, 즉 햇빛이 가장 강할 때 더욱 심해진다는 것을 주의 깊게 본 아리에 하겐스미트(Arie. Haagen-Smit) 박사가 마침내 원인을 찾아냈습니다. 강한 햇빛과 자동차의 매연이 광화학 반응을 일으켜 만들어낸 오존이 입원사태의 주범이라는 겁니다.

오존(O_3)은 산소 분자(O_2)에 산소 원자(O)가 결합한 3개의 산소원자로 구성된 매우 활성이 강한 기체입니다, 특이한 냄새를 가진 무색의 기체로 '냄새를 맡는다'라는 뜻을 가진 그리스어 'ozein'에서

따와 오존이라 부르게 되었습니다. 오존은 강한 산화력을 띠어 나쁜 냄새를 없애거나 살균 표백제로도 사용하지만 우리의 건강에 해로운 대기오염물질이기도 합니다.

오존은 어떻게 만들어지며, 어느 정도가 나쁜지 어떻게 아나요?

오존은 자동차나 사업장에서 직접 배출되는 오염물질은 아닙니다. 대기 중에 배출된 대기오염물질이 햇빛을 받아 광화학 반응을 일으켜서 생기는 2차 오염물질로, 일반적인 스모그와 달리 광화학스모그라고 부릅니다.

오존은 햇빛이 강해 일사량이 많고, 기온이 높은 낮에 주로 발생하며, 맑은 날이 계속되면서 풍속이 약할 때 고농도의 오존이 발생합니다. 오존을 발생시키는 주요 원인 물질은 질소산화물(NOx)과 휘발성 유기화합물(VOCs)이며, 이외에도 메탄(CH₄), 일산화탄소(CO) 등도 오존 원인 물질입니다.

환경부 발표에 따르면 유기화합물 배출량은 1999년 이후 꾸준히 증가하는 추세를 나타내지만, 2017년 이후부터 점차 감소하는 경향으로 바뀌었습니다. 질소산화물의 경우 연도별 배출량의 차이는 있지만 2004년 가장 많은 양(약 1,377천 톤)이 배출되다가 2016년 이후에는 점차 감소하고 있습니다.[23]

대기 중의 오존농도가 높아 피해가 우려될 때 발령되는 것이 오존경보제인데, 광역자치단체에서 내리는 특보입니다. 농도에 따라 오존주의보, 오존경보, 오존중대경보 등 3단계가 있습니다. 오존농도가 시간당 0.12ppm 이상일 때 주의보가 발령되고, 0.3ppm 이상일 때 오존경보가, 0.5ppm 이상일 때 오존중대경보가 발령됩니다.

우리나라의 오존농도는 지속해서 증가하고 있으며, 오존주의보 발령횟수 및 발령 일자도 증가하고 있습니다. 서울의 오존농도는 2022년에는 2002년보다 2배 이상 더 높아졌고, 이에 따라 서울의 오존주의보 발령횟수는 11배나 많이 발령되었습니다.

 오존이 인간의 건강에 미치는 영향은 어느 정도인가요?

오존은 자극성과 산화력이 강하므로 인체의 눈과 목을 자극하고, 감각기, 호흡기 등에 영향을 미칩니다. 특히 신체 활동이 활발한 어린이는 고농도 오존에 더 민감하게 반응하며, 노약자나 호흡기 및 심혈관계 질환자 등 취약계층에 더 큰 영향을 미치는 것으로 알려져 있습니다.

국립환경과학원의 연구결과에 따르면 서울 지역의 오존농도가 0.001ppm 증가할 때 사망률이 전체 연령에서 0.9%, 65세 이상의 고령자의 경우 1.0% 증가합니다. 한국 환경연구원은 오존농도

0.01ppm 증가 시 일별 사망자 수가 0.37~2.03 % 증가하며, 천식 입원 위험은 3.00~6.07 % 증가한다고 추정했습니다.

질병 관리청도 최근 10년간(2010~2019년) 0.03ppm 오존의 초과 노출로 인해 21,085명의 조기 사망자가 발생했으며, 10년 전보다 2배 이상 증가했다고 밝혔습니다. 특히 65세 이상과 심혈관계 질환자에게 오존에 의한 건강 영향이 더 큰 것으로 평가했습니다. 미국 환경보호청은 오존은 호흡기에 가장 큰 영향을 주고 오존이 사망률에 영향을 미친다고 밝혔습니다. 사망률에 대한 오존의 절대적인 영향은 노인에서 상당히 높으며, 오존과 사망률의 관계는 따뜻한 계절에 가장 두드러진다고 합니다.[24]

 오존농도가 높은 날에
어떻게 대응해야 할까요?

오존은 마스크를 써도 차단되지 않습니다. 따라서 오존농도가 높을 때는 오존농도가 가장 높은 오후 2시에서 5시 사이에는 가능한 한 실외활동을 자제하는 것이 중요합니다.

어쩔 수 없이 외출하게 되면 길을 걸을 때 차도에서 1m 이상 거리를 두어야 하며, 교통체증이 심하고 높은 건물이 많아 바람이 잘 통하지 않는 번화가 주변은 피하는 것이 좋습니다. 또한 오존 예보 및 경보 상황을 자주 확인하는 것이 좋습니다. 어린이집이나 유치원,

학교 등에서는 실외학습을 자제하거나 제한하는 것이 필요합니다.

승용차 사용은 자제하고, 대중교통을 이용하는 것이 좋습니다. 스프레이, 드라이클리닝, 페인트칠, 신나 등의 사용을 줄이는 것이 필요합니다. 물은 하루에 1L 이상 마셔 피부에 수분을 공급해 오존 성분이 쌓이지 않게 하는 것이 좋습니다.

그리고 외출 후에는 얼굴을 씻어 오존을 꼼꼼히 제거하는 것이 무엇보다 중요합니다. 기후변화로 인해 앞으로 오존농도가 계속 높아질 것으로 예상하기 때문에 정부는 오존 원인 물질인 질소화합물 등의 배출 감소를 위해 노력했으면 좋겠습니다.

 반기성 센터장의 꿀팁

오존은 대기중에 배출된 대기오염물질이 햇빛을 받아 광화학 반응을 일으켜서 생기는 2차 오염물질입니다. 자극성과 산화력이 강해 호흡기나 심혈관계 질환자의 건강에 매우 나쁜 영향을 줍니다. 노인들의 사망률에도 영향을 줍니다.

최악의 환경파괴가
대형산불이라고요?

▶ 저자 직강 동영상 강의로 이해 쑥쑥
QR코드를 스캔하셔서 동영상 강의를 보시고
이 칼럼을 읽으시면 훨씬 이해가 잘됩니다!

"캐나다의 나비가 산불을 피해 날갯짓을 하자 동부 시카고가 스모그 안에 갇혔다"라는 표현을 미국의 한 언론사가 썼는데, 2023년 캐나다에서 초대형산불이 발생했을 때였습니다.

　당시 캐나다의 초대형산불이 내뿜은 연기로 인해 미국 동부 지역의 대기가 매우 나빠졌습니다. 캐나다의 국경지대에 있는 미국의 시카고와 디트로이트, 미니애폴리스는 세계에서 대기 질이 가장 나쁜 도시 중 하나였고, 캐나다 산불이 발생한 2023년 6월 27일에는 시카고 대기질 지수(AQI)[25]가 가장 나쁜 수준인 250을 기록했습니다. 이 수치는 모든 사람의 건강에 '매우 해로운(Very Unhealthy)' 상태를 뜻합니다.

　과학전문잡지인 〈네이처(Nature)〉가 2023년 최고의 과학 사진에 캐나다 대형산불로 인해 뉴욕시 하늘이 누렇게 물든 사진을 선택할 만큼 대형산불은 최악의 환경재난이기도 합니다.

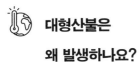

대형산불은
왜 발생하나요?

"지구온난화는 산불을 부르고, 산불은 지구온난화에 기름을 붓는다"라는 말이 있습니다. 최근 발생하는 대형산불의 원인이 지구온난화라는 것과 산불에서 발생하는 이산화탄소로 인해 지구온난화가 더욱 심각해진다는 말이지요.

국립산림과학원은 기온이 1.5℃ 높아지면 산불기상지수가 8.6%

대형 산불로 피해가 커진 산림

상승하고, 2.0℃ 오르면 상승 폭이 13.5%로 커진다고 합니다. 기온이 높을수록 산불 발생 확률이 높아진다는 거지요. 유엔환경계획과 노르웨이 정부가 설립한 비영리 환경단체 그리드-아렌달이 발표한 '산불 위협의 증가' 보고서를 보면, 기후변화로 인해 향후 전 세계적으로 산불이 더 빈번하게, 그리고 더 강하게 발생할 것이라고 합니다.[26] 보고서는 2030년까지 전 세계에서 거대한 산불 발생 건수가 14% 증가하고, 2050년까지 30%, 세기말에는 50% 증가할 것으로 예측했습니다. 문제는 산불이 발생하면 불타는 면적이 기하급수적으로 늘어난다는 것입니다.

이 외에 사람들이 불을 질러 산불을 내는 예도 있습니다. 대표적인 지역이 세계 3대 열대우림지역인 남미의 아마존과 콩고 열대우림지역, 아시아의 보르네오 등인데, 이들 지역은 사람들이 농장을 만들기 위해 산림을 불태운답니다.

2023년에 극심한 대형산불이 많이 발생했습니다

2023년 봄부터 캐나다 서부 브리티시컬럼비아주, 앨버타주, 서스캐처원주 일대에서 산발적으로 일어나기 시작해 6월에 이르러서는 퀘벡주와 노바스코샤주를 포함한 캐나다 전역에서 동시다발적으로 발생해 9월까지 대형산불이 발생했습니다. 캐나다 당국은 이 산불

대형 산불로 파괴된 산림

이 캐나다 역사상 가장 심각한 산불이라고 발표했고, 불에 탄 면적이 156000km²로 남한 면적의 1.5배 정도 되었습니다.

두 번째가 그리스 산불입니다. 2023년 7월은 역대 가장 더운 달로 뜨거운 열기가 지중해를 휩쓸었는데, 이로 인해 그리스에는 7월부터 8월까지 유럽연합 전체 역사를 통틀어 최대 규모의 산불이 발생했습니다. 7월에 연달아 발생한 대형산불로 인해 배출된 이산화탄소의 양만 100만 톤에 달할 만큼 극심했고, 8월에도 2주 동안 뉴욕시보다 큰 면적의 화재가 발생했습니다.

세 번째가 미국의 하와이 산불입니다. 역대 최고의 가뭄과 함께 이상고온 현상이 발생했고 때마침 인근으로 태풍이 지나가면서 강풍이 발생했습니다. 이로 인해 대형산불이 급속히 번져나가면서 388명이 사망하거나 실종되었고, 재산피해가 78조 원이나 될 정도로 처참했습니다.

네 번째가 2024년 2월 2일부터 6일 사이에 칠레에 발생한 대형산불입니다. 이 산불로 인해 서울시 면적의 2/3가 넘는 430km²가 불탔습니다. 2월 6일 기준 122명이 사망하고 200여 명이 실종되었으며, 4만 명이 피해를 입으면서 칠레정부는 국가비상사태를 선포했습니다.

우리나라도 기후변화로 인해 매년 산불 피해가 늘어나고 있습니다. 산림청에 의하면 산불 발생 건수는 2018년 496건에서 매년 늘어나 2022년 756건이었으며, 피해면적은 2018년 894.07ha이었는데, 2022년 24,797.16ha로 28배나 늘어났습니다. 산불 발생에 따른 피해액은 2018년 485억 8,300만 원이었는데, 2022년 1조 3,462억 7,600만 원으로 거의 28배나 늘었습니다.

 산불이
환경파괴의 왕이라고요?

산불이 기후위기나 환경파괴에 많은 영향을 주는 것은 그 파괴력 때문입니다. 데이비드 월리스 웰즈(David Wallace-Wells)는 전 세계 탄소 배출량의 약 12%가 산림 파괴가 원인이며, 약 25%는 산불이 원인이라고 말합니다.[27] 불과 30년 사이에 메탄을 흡수하는 산림 토양의 능력은 77%나 감소했으며, 산불이 발생하면 생태계가 파괴되는

데, 숲속에 살고 있던 수많은 동물과 곤충, 나무들이 모두 다 사라지게 되고 나무들이 사라진 숲은 호우에 매우 취약해지면서 산사태를 만듭니다.

또한 산림 파괴는 인류의 건강에도 악영향을 미칩니다. 산림이 $1km^2$ 파괴될 때마다 '매개 확산' 현상 때문에 말라리아 발병 건수가 평균 27건 늘어나고, 바이러스를 전파하는 박쥐 등이 사람의 생활권 안으로 들어와 각종 전염병을 전파시킵니다.

산불이 발생한 지역은 40~50년 정도가 지나야 예전의 숲 생태계가 되살아날 정도로 산불 피해는 우리의 상상을 초월합니다. 우리가 탄소를 줄여야만 산불도 덜 일어나고 환경도 지킬 수 있다는 것을 꼭 알았으면 좋겠습니다.

 반기성 센터장의 꿀팁

기후변화로 대형산불이 매년 늘어나고 있습니다. 산불이 발생하면 생태계가 사라지면서 파괴됩니다. 나무가 사라지면 산사태가 늘어나며, 모기나 박쥐 등이 사람 생활권으로 들어와 각종 전염병이 늘어나면서 인류의 건강에도 악영향을 주게 됩니다. 또한 산불에서 발생하는 이산화탄소는 기후변화를 증폭시킵니다.

참고문헌

- 간혜수 외, 『역학관리보고서 1』, 질병관리청, 2022년 8월.
- 권순철 등, 『보행자 높이의 빌딩풍 현장관측을 통한 위험지역 검토 - 2020년 9호 태풍을 중심으로』, 대한건축학회, 2020년 11월.
- 김현호, '꿀벌 78억 마리 실종… 그 범인은 바로?', 그린피스 동아시아, 2023년 3월.
- 김홍배 외, '대기 오염과 암으로 인한 사망 위험도 연구', 국제환경연구 공중보건잡지, 2018년 6월.
- 나오미 클라인, 이순희 역, 『이것이 모든 것을 바꾼다 자본주의 대 기후』, 열린책들, 2016년 7월.
- 뉴스펭귄, '5번의 지구대멸종', 뉴스펭귄, 2022년 7월.
- 문혜진 외, 『대기의 강(Atmospheric River)이 남한의 스톰과 강수 특성에 미치는 영향』, 한국기후학회지, 2023년 4월.
- 민승기 외, '점차 길어지는 한반도 폭염, 지구온난화가 원인', 포항공과대학교, 2019년 12월.
- 데이비드 월러스 웰즈, 『2050 거주불능지구』, 추수밭, 2020년 7월.
- 반기성, 『기후와 날씨, 건강 토크 토크』, 프라스마, 2018년 12월.
- 성균관대학교 외, 『미세먼지로 인한 호흡기 질환 발생의 사회경제적 손실가치 분석』, 한국경영컨설팅학회지, 2018년 5월.
- 임태훈, 『소 방귀에 세금을?』, 탐, 2013년 12월.
- 예상욱, '온난화에 엘니뇨까지 극한 기후 일상화', 동아일보, 2023년 7월.
- 장용철, '2023년 플라스틱 대한민국 2.0 : 코로나 19 시대, 플라스틱 소비의 늪에 빠지다', 그린피스, 2023년 3월.
- 통계청, '한국의 안전보고서 2022', 통계청, 2023년 4월.
- 환경부, '2022대기환경연보', 환경부, 2024년 1월.
- 환경부, '대기오염배출량 분석', 환경부, 2023년 12월.
- Adelaide, *Extinction Risk of Native Bee Populations Increased by Bushfires*, Adelaide, Oct. 2021.
- Adele M. Dixon et al, *Future loss of local-scale thermal refugia in coral reef ecosystems*, PLOS Climate, Feb. 2022.
- Alejandra Borunda, *What's the connection between climate change and hurricanes?*, OPB, Aug. 2023.

- Anjana Pasricha, *More Rain, Less Snow Brings Destruction to Himalayan Region*, VOA, Aug. 2023.
- Ash Narkevic, *Greenland glacier N79 may not be as stable as previously thought*, UB research suggests, UBNow, Aug. 2023.
- Aliza Chasan, *World must be ready to respond to next pandemic: WHO chief*, UN News, May 2023.
- Amirhossein Hassani, *Global predictions of primary soil salinization under changing climate in the 21st century*, Nature Communications, Nov. 2021.
- Ashleigh Hollowell, *When will be the next pandemic?*, beckershospitalreview.com, Oct. 2023.
- Baylor Fox-Kemper, *Ocean, Cryosphere and Sea Level Change*, NCCC. July 2023.
- Benjamin J. Davison, *Sea level rise from West Antarctic mass loss significantly modified by large snowfall anomalies*, Nature Communications, Mar. 2023.
- BirdLife, *State of the WORLD'S BIRDS 2022*, BirdLife, Sep. 2022.
- BirdLife, *The 2023 Red List update reveals hope for birds in crisis*, BirdLife, Dec. 2023.
- Blanca Begert, *As climate change leads to more and wetter storms, cholera cases are on the rise*, PBS, Aug. 2023.
- Boyce, D.G. et al. *A climate risk index for marine life*, Nature Climate Change, Aug. 2022
- Britannica, *Drought*, Britannica, Nov. 2023
- Bruna Alves, *Global E-Waste - Statistics & Facts*, Statista, Dec. 2023.
- C2ES, *Hurricanes and Climate Change*, Center for Climate and Energy Solutions, Sep. 2023.
- Catherine Clifford, *Oceans absorb 90% of the heat from climate change — here's why record ocean temps are so harmful*, CNBC, Aug. 2023.
- Catherine Clifford, *Record hot ocean temps could turbocharge the hurricane season, says NOAA*, CNBC, Aug. 2023.
- CDC, *Epidemic Typhus, Centers for Disease Control and Prevention*, July 2023.
- CDC, *Key Facts About Influenza (Flu)*, CDC, Sep. 2022.
- CDC, *UV Radiation | NCEH Environmental Health Features*, CDC, Feb. 2023.
- CNBC, *Record ocean temperatures: Why they happen, how they hurt*, CNBC, Aug. 2023.

- CNN, *Ancient Viruses Could Threaten Ecosystems, phloem computational biology*, Aug. 2023.

- Cornell University, *More than 99.9% of studies agree: Humans caused climate change*, PHYS ORG, Oct. 2021

- Curtis Deutsch, *Avoiding ocean mass extinction from climate warming*, Prinston Univ, May 2022.

- Denise Gotadi, *Endangered animal species due to pollution and more*, Ecobnb, Aug. 2023.

- Doug Macdougall, *Milutin Milankovitch Serbian mathematician and geophysicist*, Britannica, Dec. 2023.

- EARTH.ORG, 13 *Endangered Marine Species in 2023*, Biodiversity Oceans, Apr. 2023.

- EARTH.ORG, *Record ocean temperatures: Why they happen, how they hurt*, Global Commons, Aug. 2023.

- ECMWF, *2023 was the hottest year on record, Copernicus data show*, ECMWF, Jan. 2024.

- EPA, *Basic Information about Coral Reefs*, EPA, May 2023.

- ESA, *Permafrost thaw could release bacteria and viruses*, ESA, Oct. 2021.

- FAO, *Breaking the plastic cycle in agriculture*, FAO, June 2023.

- Gerald H. Haug, *Climate and the Collapse of Maya Civilization*, Science, Mar. 2003.

- Graham Readfearn, *Antarctica warming much faster than models predicted in 'deeply concerning' sign for sea levels*, The Guardian, Sep. 2023.

- Grid-Arendal, *Spreading like Wildfire: The Rising Threat of Extraordinary Landscape Fires*, Grid-Arendal, Feb. 2022.

- HafenCity, *HafenCity Hamburg GmbH*, HafenCity, May 2022.

- Ian Mudway, *Microplastics, Public Health Myth or Menace*, Gresham College, Sep. 2023.

- Iberdrola, *What is desertification? Causes and consequences*, Iberdrola, Jan. 2023.

- IDRA, *Land and Drought Resilience Pavilion at UNFCCC COP28*, UN, Dec. 2023.

- Inger Andersen, *A planet free of harm from chemicals and waste*, UNEP, Oct. 2023.

- IPCC, *Sixth Assessment Report 2023*, IPCC, Apr. 2023.

- Jake Johnson, *Himalayan Glaciers Could Lose 80% of Their Ice by 2100, Threatening Billions of Lives*, ICIMOD, June 2023.

- Jeffrey Sherman, *Does the La Niña Weather Pattern Lead to Flu Pandemics?*, Univ. of Columbia, Jan. 2012.
- Jinho Park, *Increase the risk of asymptomatic cerebral infarction by 20% when fine dust increases by 10μg/m³*, Scientific Reports, Nov. 2022.
- Joanne Ryan & Alice J. Owen, *The impact of the climate crisis on brain health*, Nature Aging, Published: 03 May 2021
- Junfeng (Jim) Zhang et al, *Ozone Pollution: A Major Health Hazard Worldwide*, EPA, Oct. 2023.
- Katie Hunt, *Scientists have revived a 'zombie' virus that spent 48,500 years frozen in permafrost*, CNN, Mar. 2023.
- Laura Sadowsky, *Scientists discover microplastics in deepest section of the lungs*, Hull York Medical School, Apr. 2022.
- Luxembourg Museum of Natural History, *Disappears 2 Million Species of Animals and Plants*, Luxembourg Museum of Natural History, Nov. 2023,
- Maggie, *Honey Bee Deaths: What's Happening To Our Honey Bees?*, Maggie's Bee and Beekeeping, Jan. 2023.
- Mayo Clinic, *Influenza (flu) - Symptoms and causes*, Mayo Clinic, May 2023.
- Mun-Keat Looi, *What could the next pandemic be?*, BMJ, July 2023.
- NASA Earth Observatory, *The Ocean Has a Fever*, NASA, Aug. 2023.
- National Centers for Environmental Information, *November 2023 Global Drought Narrative*, NCEI, Nov. 2023.
- National Geographic, *Sea level rise, facts and information*, National Geographic, Apr. 2023.
- National Geographic Society, *Greenhouse Effect*, National Geographic Society, Oct. 2023.
- National Geographic. *Why are our oceans getting warmer?*, National Geographic, May 2023.
- Natural Energy Hub, *Endangered Species Due To Pollution*, Natural Energy Hub, May 2023.
- NOAA, *2023 was the world's warmest year on record, by far*, NOAA, Jan. 2024.
- NOAA, *5 unexpected consequences of extreme heat*, NOAA, Sep. 2023.
- NOAA, *Broken record: Atmospheric carbon dioxide levels jump again*, NOAA, June 2023.
- NOAA, *Global snow and ice Report*, NOAA, June 2023.

- NSIDC, *Arctic Sea Ice News and Analysis*, NSIDC, Dec. 2023.
- Oceancare, *Microplastics: Barely visible, yet anything but harmless*, Oceancare, Apr. 2022.
- Peng Zhu et al, *Warming reduces global agricultural production by decreasing cropping frequency and yields*, Nature Climate Change, Oct. 2022,
- Richard Allen, *Susceptibility of catchments to intense rainfall and flooding*, University of Reading, May 2022.
- ReliefWeb, *Global food crisis: what you need to know in 2023 - World*, ReliefWeb, Oct. 2023.
- Sasha Warren, *How the Earth and moon formed, explained*, UChicago News, May 2023.
- Sean Cummings, *Study finds human-driven mass extinction is eliminating entire branches of the tree of life*, Stanford Univ., Sep. 2023.
- Stefan Uhlenbrook, *Extreme weather highlights need for greater climate action*, WMO, July 2023.
- Tatyana Woodall, *A once-stable glacier in Greenland is now rapidly disappearing*, Ohio State, Apr. 2023.
- The Quint, *1200 'Scientists' Claim That Climate Change Is Not Real. Here's The Truth*, The Quint, Sep. 2022.
- UNCCD, *Drought data shows an unprecedented emergency on a planetary scale*, UN, Nov. 2023.
- UNEP, *Biodiversity loss is threatening the benefits nature provides to people around the world*. UNEP, July 2023.
- UN, *Spike in dengue cases due to global warming, warns WHO*, WHO, July 2023.
- U.S. Geological Survey, *What causes drought?*, U.S. Geological Survey, June 2023.
- U.S. Global Change Reserch Program, *FOURTH NATIONAL CLIMATE ASSESSMENT CHAPTER 14: HUMAN HEALTH*, U.S. Global Change Reserch Program, Sep. 2023,
- USGS, *6 Facts You Should Know about Atmospheric Rivers*, USGS, Dec. 2021
- UN, *There are more deaths from toxic substances than COVID-19*, UN Human Rights Council, Feb. 2022.
- UN, *UN-Water Summit on Groundwater 2022*, UN, Dec. 2022.
- Wageningen University & Research, *Bee mortality*, WUR, Dec. 2023.
- Wasserdreinull.de, *What is microplastics? - Examples of microplastics*, wasserdreinull.de, Jan. 2023.

- WebMD, *Plague: Bubonic, Pneumonic, and Septicemic*, WebMD, Nov. 2023.
- WHO, *Dengue and severe dengue*, WHO, Mar. 2023
- WHO, *Electronic waste (e-waste)*, WHO, Oct. 2023.
- WHO, *Plague*, WHO, July 2022.
- WMO, *Anual Climate Report 2022*, WMO, Nov. 2022.
- WMO, *More bad news for the planet: greenhouse gas levels hit new highs*, WMO, Oct. 2022.
- WMO, *Observing the microplastic cycle*, WMO, May 2022.
- WMO, *The 2023 greenhouse gas concentration is at an all-time high*, WMO, Nov. 2023.
- WMO, *WMO Unified Data Policy Resolution*, WMO, Sep. 2023.
- WMO, *World Water Day focuses on groundwater*, WMO, Mar. 2022.
- Woods Hole Oceanographic Institution. *Sea Level Rise*, WHOI, Mar. 2023.
- World Bank, *Food Security | Rising Food Insecurity in 2023*, World Bank, Sep. 2023.
- World Coral reef Surveillance Network, *Search Results for As seawater temperatures rose due to global warming, 14% of the world's coral reefs disappeared in 10 years*, UN Environment, Oct. 2021.
- World Health Organization, *Cholera*, WHO, Dec. 2023.
- WWF, *2022' Living Planet Report*, WWF, Nov. 2022.

1장

1   Sasha Warren, *How the Earth and moon formed, explained*, UChicago News, May 2023.

2   임태훈, 『소 방귀에 세금을?』 탐, 2013년 12월.

3   NOAA, *Broken record: Atmospheric carbon dioxide levels jump again*, NOAA, June 2023.

4   National Geographic Society, *Greenhouse Effect*, National Geographic Society, Oct. 2023.

5   WMO, *More bad news for the planet: greenhouse gas levels hit new highs*, WMO, Oct. 2022.

6   WMO, *The 2023 greenhouse gas concentration is at an all-time high*, WMO, Nov. 2023.

7   WMO, *United in Science: We are heading in the wrong direction*, WMO, Sep. 2022.

8   WMO, *WMO Unified Data Policy Resolution*, WMO, Sep. 2023.

9   The Quint, *1200 'Scientists' Claim That Climate Change Is Not Real. Here's The Truth*, The Quint, Sep. 2022.

10   Cornell University, *More than 99.9% of studies agree: Humans caused climate change*, PHYS ORG, Oct. 2021.

11   나오미 클라인, 이순희 역, 『이것이 모든 것을 바꾼다 자본주의 대 기후』 열린책들, 2016년 7월.

12   마이클 만 외, 정태영 옮김, 『누가 왜 기후변화를 부정하는가? 거짓 선동과 모략을 일삼는 기후변화 부정론자들에게 보내는 레드카드』 미래인, 2017년 8월.

2장

1   WMO, *Climate change indicators reached record levels in 2023*, WMO PRESS RELEASE, Mar. 2024.

2   WWA, *Extreme heat in North America, Europe and China in July 2023 made much more likely by climate change*, WWA, July 2023.

3   ECMWF, *2023 was the hottest year on record, Copernicus data show*, ECMWF, Jan. 2024.

4   NOAA, *2023 was the world's warmest year on record, by far*, NOAA, Jan. 2024.

5   이명인, '2018년 한반도 대 폭염 원인과 전망', 한국기상학회, 2019년 4월.

6   예상욱, '온난화에 엘니뇨까지 극한 기후 일상화', 동아일보, 2023년 7월.

7   민승기 외, '점차 길어지는 한반도 폭염, 지구온난화가 원인', 포항공과대학교, 2019년 12월.

8   NOAA, *5 unexpected consequences of extreme heat*, NOAA, Sep. 2023.

9   U.S. Global Change Reserch Program, FOURTH NATIONAL CLIMATE ASSESSMENT CHAPTER 14: HUMAN HEALTH, U.S. Global Change Reserch Program, Sep. 2023.

10 Richard Allen, *Susceptibility of catchments to intense rainfall and flooding University of Reading*, May 2022.

11 Stefan Uhlenbrook, *Extreme weather highlights need for greater climate action*, WMO, July 2023.

12 Mark A. Stein, *Huge 'Rivers' of Water Vapor Found*, LA Times, Jan. 1993.

13 USGS, *6 Facts You Should Know about Atmospheric Rivers*, USGS, Dec. 2021.

14 NSIDC, *Arctic Sea Ice News and Analysis*, NSIDC, Dec. 2023.

15 문혜진 외, 『대기의 강(Atmospheric River)이 남한의 스톰과 강수 특성에 미치는 영향』, 한국기후학회지, 2023년 4월.

16 Brittney Meredith-Miller, *Natural disasters caused losses of $270B in 2022*, Munich Re, Jan. 2023.

17 권순철 등, 『보행자 높이의 빌딩풍 현장관측을 통한 위험지역 검토 - 2020년 9호 태풍을 중심으로』, 대한건축학회, 2020년 11월.

18 Alejandra Borunda, *What's the connection between climate change and hurricanes?*, OPB, Aug. 2023.

19 Alejandra Borunda, *What's the connection between climate change and hurricanes?*, OPB, Aug. 2023.

20 C2ES, *Hurricanes and Climate Change*, Center for Climate and Energy Solutions, Sep. 2023.

21 Environmental Defense Fund, *How climate change makes hurricanes more destructive*, Environmental Defense Fund, Apr. 2023.

3장

1   IDRA, *Land and Drought Resilience Pavilion at UNFCCC COP28*, UN, Dec. 2023.

2   Britannica, *Drought*, Britannica, Nov. 2023.

3   토양의 물이 식물을 통해 공기 중으로 이동하는 것

4   U.S. Geological Survey, *What causes drought?*, U.S. Geological Survey, June 2023.

5   Britannica, *Drought*, Britannica, Nov. 2023.

6   National Centers for Environmental Information, November 2023 Global Drought Narrative, NCEI, Nov. 2023.

7   Iberdrola, *What is desertification? Causes and consequences*, Iberdrola, Jan. 2023.

8   Iberdrola, *What is desertification? Causes and consequences*, Iberdrola, Jan. 2023.

9   UNCCD, *Drought data shows an unprecedented emergency on a planetary scale*, UN, Nov. 2023.

10   UNESCO, *Imminent risk of a global water crisis, warns the UN World Water Development Report 2023*, UNESCO, Mar. 2023.

11   EurEau, *European Federation of National Associations of Water & Waste Water Services*, EurEau, Mar. 2022.

12   Samantha Kuzma, *25 Countries, Housing One-quarter of the Population, Face Extremely High Water Stress*, WRI, Aug. 2023.

13   ReliefWeb, *Global food crisis: what you need to know in 2023 - World*, ReliefWeb, Oct. 2023.

14   World Bank, *Food Security | Rising Food Insecurity in 2023*, World Bank, Sep. 2023.

15   Peng Zhu et al, *Warming reduces global agricultural production by decreasing cropping frequency and yields*, Nature Climate Change, Oct. 2022,

16   ReliefWeb, *Global food crisis: what you need to know in 2023 - World*, ReliefWeb, Oct. 2023.

17   장 지글러, 『왜 세계의 절반은 굶주리는가?』갈라파고스, 2016년 3월.

4장

1   Tatyana Woodall, *A once-stable glacier in Greenland is now rapidly disappearing*, Ohio State, Apr. 2023.

2   Ash Narkevic, *Greenland glacier N79 may not be as stable as previously thought*, UB research suggests, UBNow, Aug. 2023.

3   NOAA, *Global snow and ice Report*, NOAA, June 2023.

4   Graham Readfearn, *Antarctica warming much faster than models predicted in 'deeply concerning' sign for sea levels*, The Guardian, Sep. 2023.

5   Benjamin J. Davison, *Sea level rise from West Antarctic mass loss significantly modified by large snowfall anomalies*, Nature Communications, Mar. 2023.

6   Jake Johnson, *Himalayan Glaciers Could Lose 80% of Their Ice by 2100, Threatening Billions of Lives*, ICIMOD, June 2023.

7   Anjana Pasricha, *More Rain, Less Snow Brings Destruction to Himalayan Region*, VOA, Aug. 2023.

8   Baylor Fox-Kemper, *Ocean, Cryosphere and Sea Level Change*, NCCC, July 2023.

9   National Geographic, *Why are our oceans getting warmer?*, National Geographic, May 2023.

10 CNBC, *Record ocean temperatures: Why they happen, how they hurt*, CNBC, Aug.2023.

11 NASA Earth Observatory, *The Ocean Has a Fever*, NASA, Aug. 2023.

12 EARTH.ORG, *Record ocean temperatures: Why they happen, how they hurt*, GLOBAL COMMONS, Aug. 2023.

13 Catherine Clifford, *Oceans absorb 90% of the heat from climate change — here's why record ocean temps are so harmful*, CNBC, Aug. 2023.

14 Catherine Clifford, *Record hot ocean temps could turbocharge the hurricane season*, says NOAA, CNBC, Aug. 2023.

15 Woods Hole Oceanographic Institution, *Sea Level Rise*, WHOI, Mar. 2023.

16 WMO, *Anual Climate Report 2022*, WMO, Nov. 2022.

17 IPCC, *Sixth Assessment Report 2023*, IPCC, Apr. 2023.

18 National Geographic, *Sea level rise, facts and information*, National Geographic, Apr. 2023.

19 Leah Dolan, *Inside plans for Copenhagen's divisive artificial storm-absorbing peninsula*, CNN, Jan. 2023.

20 WATER Technology, *MOSE Project, Venice, Venetian Lagoon*, WATER Technology, Dec. 2022.

21 HafenCity, *HafenCity Hamburg GmbH*, HafenCity, May 2022.

5장

1   뉴스펭귄, '5번의 지구대멸종', 뉴스펭귄, 2022.7.

2   Sean Cummings, *Study finds human-driven mass extinction is eliminating entire branches of the tree of life*, Stanford Univ, Sep. 2023.

3   Luxembourg Museum of Natural History, *Disappears 2 Million Species of Animals and Plants*, Luxembourg Museum of Natural History, Nov. 2023,

4   WWF, *2022'Living Planet Report*, WWF, Nov. 2022.

5   BirdLife, *State of the WORLD'S BIRDS 2022*, BirdLife, Sep. 2022.

6   BirdLife, *The 2023 Red List update reveals hope for birds in crisis*, Birdlike Dec. 2023.

7   Boyce, *D.G. et al. A climate risk index for marine life*, Nature Climate Change, Aug. 2022

8   Curtis Deutsch, *Avoiding ocean mass extinction from climate warming*, Prinston Univ, May 2022.

9   EARTH.ORG, *13 Endangered Marine Species in 2023*, Biodiversity Oceans, Apr. 2023.

10   EPA, *Basic Information about Coral Reefs*, EPA, ,May 2023.

11   World Coral reef Surveillance Network., *Search Results for As seawater temperatures rose due to global warming, 14% of the world's coral reefs disappeared in 10 years.* UN Environment, Oct. 2021.

12   Adele M. Dixon et al, *Future loss of local-scale thermal refugia in coral reef ecosystems*, PLOS Climate, Feb. 2022.

13   Maggie, *Honey Bee Deaths: What's Happening To Our Honey Bees?*, Maggie's Bee and Beekeeping, Jan. 2023.

14   김현호, '꿀벌 78억 마리 실종… 그 범인은 바로?', 그린피스 동아시아, 2023년 3월.

15   Adelaide, *Extinction Risk Of Native Bee Populations Increased By Bushfires*, Adelaide, Oct. 2021.

16   Denise Gottardi, *Endangered animal species due to pollution and more*, Ecobnb, Aug. 2023.

17   Natural Energy Hub, *Endangered Species Due To Pollution*, Natural Energy Hub, May 2023.

18   UNEP, *Biodiversity loss is threatening the benefits nature provides to people around the world.* UNEP, July 2023.

6장

1   WebMD, *Plague: Bubonic, Pneumonic, and Septicemic*, WebMD, Nov. 2023.

2   WHO, *Plague*, WHO, July 2022.

3   World Health Organization, *Cholera*, WHO, Dec. 2023.

4 Blanca Begert, *As climate change leads to more and wetter storms, cholera cases are on the rise*, PBS, Aug. 2023.

5 IVI, *Health: Predicting cholera outbreaks - World*, RelidfWeb, June 2011.

6 CDC, *Key Facts About Influenza (Flu)*, CDC, Sep. 2022.

7 Mayo Clinic, *Influenza (flu) - Symptoms and causes*, Mayo Clinic, May 2023.

8 Jeffrey Sherman, *Does the La Niña Weather Pattern Lead to Flu Pandemics?*, University of Columbia, Jan. 2012.

9 Q Liu et al, *Changing rapid weather variability increases influenza epidemic risk in a warming climate*, ResearchGate, Sep. 2023.

10 CDC, *Epidemic Typhus, Centers for Disease Control and Prevention*, CDC, July 2023.

11 Yizhe Luo et al, *How meteorological factors impacting on scrub typhus incidences in the main epidemic areas of 10 provinces, China, 2006-2018*, NLM, Oct. 2022.

12 Taehee Chang et al, *Associations of meteorological factors and dynamics of scrub typhus incidence in South Korea: A nationwide time-series study*, Environmental Research Volume 245, Nov. 2020.

13 WHO, *Dengue and severe dengue*, WHO, Mar. 2023.

14 간혜수 외, 『역학관리보고서 1』 질병관리청, 2022, Aug.

15 UN, *Spike in dengue cases due to global warming, warns WHO*, WHO, July 2023.

16 Stephanie Nolen, *Brasil has a Dengue Emergency*, New York Times, Feb. 2024.

17 Katie Hunt, *Scientists have revived a 'zombie' virus that spent 48,500 years frozen in permafrost*, CNN, Mar. 2023.

18 CNN, *Ancient Viruses Could Threaten Ecosystems, phloem computational biology*, CNN, Aug. 2023.

19 ESA, *Permafrost thaw could release bacteria and viruses*, ESA, Oct. 2021.

20 Aliza Chasan, *World must be ready to respond to next pandemic: WHO chief*, UN News, May 2023.

21 Ashleigh Hollowell, *When will be the next pandemic?*, beckershospitalreview.com, Oct. 2023.

22 Mun-Keat Looi , *What could the next pandemic be?*, BMJ, July 2023.

23 Alicia Banks, *Debating the Cause of the Next Pandemic*, Duke Global Health, Sep. 2023.

7장

1 UN, *There are more deaths from toxic substances than COVID-19*. UN Human Rights Council, Feb. 2022.

2 Bruna Alves, *Global E-Waste - Statistics & Facts*, Statista, Dec. 2023.

3 WHO, *Electronic waste (e-waste)*, WHO, Oct. 2023.

4 Inger Andersen, *A planet free of harm from chemicals and waste*, UNEP, Oct. 2023.

5 장용철, '2023년 플라스틱 대한민국 2.0 : 코로나 19 시대, 플라스틱 소비의 늪에 빠지다', 그린피스, 2023년 3월.

6 FAO, *Breaking the plastic cycle in agriculture*, FAO, June 2023.

7 Wasserdreinull.de, *What is microplastics? - Examples of microplastics*, Wasserdreinull.de, Jan. 2023.

8 BenTracy, *Billions of pounds of microplastics are entering the oceans every year. Researchers are trying to understand their impact*. CBS, Dec. 2023.

9 Oceancare, *Microplastics: Barely visible, yet anything but harmless*, Oceancare, Apr. 2022.

10 WMO, *Observing the microplastic cycle*, WMO, May 2022.

11 Laura Sadowsky, *Scientists discover microplastics in deepest section of the lungs*, Hull York Medical School, Apr. 2022.

12 Ian Mudway, *Microplastics, Public Health Myth or Menace*, Gresham College, Sep. 2023.

13 통계청, '한국의 안전보고서 2022', 통계청, 2023년 4월.

14 환경부, '2022대기 환경 연보', 환경부, 2024년 1월.

15 성균관대학교 외, '미세먼지로 인한 호흡기질환 발생의 사회경제적 손실가치 분석' 한국경영컨설팅학회지, 2018년 5월.

16 Jinho Park, *Increase the risk of asymptomatic cerebral infarction by 20% when fine dust increases by $10\mu g/m^3$*, Scientific Reports, Nov. 2022.

17 Maigeng Zhou et al, *Estimating the role of air quality improvements in the decline of suicide rates in China*, Nature Sustainability, February 2024

18 Joanne Ryan & Alice J. Owen, *The impact of the climate crisis on brain health*, Nature Aging, Published: 03 May 2021

19 김홍배 외, '대기 오염과 암으로 인한 사망 위험도 연구', 국제환경연구 공중보건잡지, 2018년 6월.

20 WHO, *Household air pollution*, WHO, Dec. 2023.

21 Paul W. Barnes et al, *Ozone depletion, ultraviolet radiation, climate change and prospects for a sustainable future*, Nature, June 2019.

22 ACS, *How Do I Protect Myself from Ultraviolet (UV) Rays?*, ACS, Apr. 2023.

23 환경부, '대기오염 배출량 분석', 환경부, 2023년 12월.

24 Junfeng (Jim) Zhang et al, *Ozone Pollution: A Major Health Hazard Worldwide*, EPA, Oct. 2023.

25 대기질 지수(AQI)는 대기오염물질 6종류의 농도와 이와 관련된 건강 위험을 측정한 것을 말한다.

26 Grid-Arendal, *Spreading like Wildfire: The Rising Threat of Extraordinary Landscape Fires*, Grid-Arendal, Feb. 2022.

27 데이비드 월러스 웰즈, 『2050 거주불능지구』, 추수밭, 2020.

★ 메이트북스는 독자의 꿈을 사랑합니다.

기후위기 시대의 청소년들이 꼭 알아야 할 과학 교양

십대를 위한 기후변화 이야기

반기성 지음 | 값 15,000원

지구촌 곳곳에서 기후변화로 인한 이상징후가 나타나고 있다. 이 책은 저명한 기후 전문가가 들려주는 기후 이야기로, 기후변화에 관한 모든 것을 담았다. 기후변화가 극심해진 원인은 무엇이며 그로 인해 어떤 피해가 발생하는지에 대해 과학적인 분석을 통해 구체적으로 설명한다. 더 늦기 전에 기후변화 저지와 환경보호에 적극적으로 동참해야 한다. 그렇지 않으면 지금 청소년들이 지구의 마지막 세대가 될 수도 있다.

미래를 결정할 십대의 좋은 습관 만들기

게으른 십대를 위한 작은 습관의 힘

장근영 지음 | 값 15,000원

이 책은 게으른 십대 시절을 보내고 심리학자가 된 저자가 자신의 경험을 토대로 알려주는, 습관이 가진 힘에 대한 이야기다. 심리학적 지식을 기반으로, 습관의 기본개념에서부터 생활습관, 마인드습관 등 인간의 행동심리와 갈망을 습관과 구체적으로 접목시키는 방식이 흥미롭다. 십대는 차츰 가족의 테두리에서 벗어나 자신만의 삶을 시작하는 시점이다. 작지만 좋은 습관들이 쌓여서 어느 순간 나의 삶을 충만하게 할 것이다.

메타버스 시대의 청소년이 꼭 알아야 할 IT 교양

십대를 위한 미래사회 이야기

박경수 지음 | 값 14,000원

이 책은 세계 곳곳에서 탄생하는 수많은 미래기술 중에서도 창의적 인재가 되기 위해 반드시 알아야 할 미래기술을 다양한 시각으로 담은 청소년 교양서이다. 십대 누구나 술술 읽을 수 있도록 쉽고 재미있게 쓰였다. 지금 청소년들이 집중해야 할 것은 눈앞에 펼쳐진 세상이 아니다. 자신의 상상력으로 새롭게 만들어나갈 미래의 세상이다. 이 책은 청소년들이 미래사회를 이끌어 나감에 있어 튼튼한 기초 지식이 되어줄 것이다.

세상에서 가장 쉽고 재미있는 MBTI

MBTI의 모든 것

나우진 외 지음 | 값 19,000원

23만 팔로워 인스타그램 'MBTI의 모든 것'이 귀염뽀짝한 그림 에세이로 재탄생했다. 알찬 MBTI 지식을 개성 있는 16가지의 캐릭터와 함께 쉽고 유쾌하게 전달하는 이 책은 단순히 재미있는 것을 넘어 강한 공감을 자아낸다. 평소 머릿속 생각이나 호불호, 대인관계 특징, 연애 스타일 등 사람의 성격적 특성을 극사실적으로 묘사하고 있어 나와 타인의 다름을 이해하는 데 도움을 주고, 이상적인 관계를 형성할 수 있도록 힌트를 제공한다.

너무 재밌고 유익하고 신박하다!

딱 1분만 읽어봐

1분만 지음 | 값 16,500원

구독자 92만 유튜브 채널 '1분만'을 책으로 만난다. 바쁜 현대인들을 위한 초간단 교양서이다. 1분이라는 짧은 시간 안에 세상의 지식을 위트 가득하게 전달하기에 성인들뿐만 아니라 10대 학생들에게도 폭발적인 인기를 누리고 있다. 과학, 사회학, 심리학, 정치학, 물리학 등의 근거를 바탕으로 답을 유쾌하게 풀어내주기에 이 책 한 권이면 당신은 멋진 교양인으로 거듭날 수 있을 것이다.

지속가능, 실천가능한 사교육 줄이는 방법

어머니, 사교육을 줄이셔야 합니다

정승익 지음 | 값 17,000원

이 책은 사교육비의 딜레마에서 벗어나기 위한 명쾌한 해결책을 제시한다. 정승익 선생님은 10만 열성 구독자를 거느린 유튜브 채널을 통해 거의 매일 우리 교육의 안타까운 현실에 대해 이야기한다. 사교육의 병폐를 알면서도 불안감 때문에 사교육에서 벗어나지 못하는 부모들에게 구체적인 지침들을 제시한다. 불안감과 막막함에 무작정 사교육을 시키기 전에 부모와 자녀가 할 수 있는 것들을 알려주는 책이다.

기억에 2배로 오래 남는 영단어 암기비법

60일 만에 마스터하는 중학 필수 영단어 1200

정승익 지음 | 값 15,000원

중학생이라면 꼭 알아야 할 영단어를 60일이면 효과적으로 외울 수 있는 단어 학습서다. 30일까지의 단어를 31일부터 60일까지 다시 한 번 반복해서 자연스럽게 같은 단어를 두 번 외울 수 있도록 구성했다. 책으로만 공부하기 힘들다면 QR코드로 제공하는 저자의 무료 음성 강의를 들으면 된다. 몇 번을 반복해서 읽는 것만으로도 단어가 기억에 남는 이 책으로 중학교 영단어를 정복해보자.

내신에 바로 활용하는 한자 공부법

30일 만에 마스터하는 중학 필수 한자 900

김아미 지음 | 값 15,000원

이 책은 한자를 따분하고 어렵다고 생각하는 중학생들에게 한자가 만들어진 원리를 알려주면서 더욱 쉽고 재미있게 공부할 수 있는 방법을 알려주는 한자 학습서다. EBS프리미엄, 수박씨닷컴 등 많은 학습 사이트에서 인기 강사로 활동한 저자는 한자를 배우면 국어뿐만 아니라 다른 과목도 잘할 수 있는 힘이 길러진다고 말한다. 중학교 필수한자를 담은 이 책만 제대로 공부한다면 한자뿐만 아니라 모든 과목을 잘할 수 있게 될 것이다.

■ 독자 여러분의 소중한 원고를 기다립니다

메이트북스는 독자 여러분의 소중한 원고를 기다리고 있습니다. 집필을 끝냈거나 집필중인 원고가 있으신 분은 khg0109@hanmail.net으로 원고의 간단한 기획의도와 개요, 연락처 등과 함께 보내주시면 최대한 빨리 검토한 후에 연락드리겠습니다. 머뭇거리지 마시고 언제라도 메이트북스의 문을 두드리시면 반갑게 맞이하겠습니다.

■ 메이트북스 SNS는 보물창고입니다

메이트북스 홈페이지 matebooks.co.kr

홈페이지에 회원가입을 하시면 신속한 도서정보 및 출간도서에는 없는 미공개 원고를 보실 수 있습니다.

메이트북스 유튜브 bit.ly/2qXrcUb

활발하게 업로드되는 저자의 인터뷰, 책 소개 동영상을 통해 책에서는 접할 수 없었던 입체적인 정보들을 경험하실 수 있습니다.

메이트북스 블로그 blog.naver.com/1n1media

1분 전문가 칼럼, 화제의 책, 화제의 동영상 등 독자 여러분을 위해 다양한 콘텐츠를 매일 올리고 있습니다.

메이트북스 네이버 포스트 post.naver.com/1n1media

도서 내용을 재구성해 만든 블로그형, 카드뉴스형 포스트를 통해 유익하고 통찰력 있는 정보들을 경험하실 수 있습니다.

STEP 1. 네이버 검색창 옆의 카메라 모양 아이콘을 누르세요.   STEP 2. 스마트렌즈를 통해 각 QR코드를 스캔하시면 됩니다.
STEP 3. 팝업창을 누르시면 메이트북스의 SNS가 나옵니다.